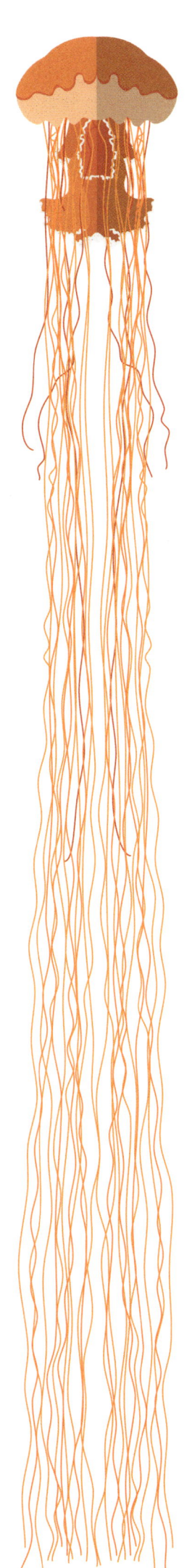
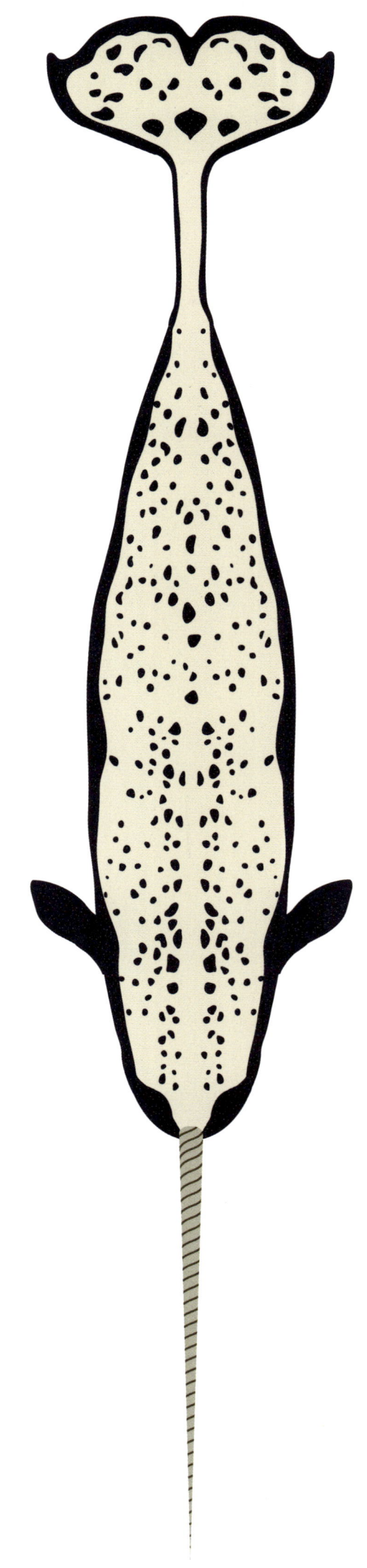

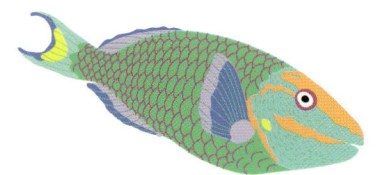

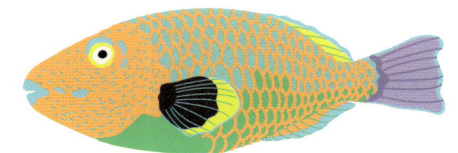

Unbekannter Ozean

Geheimnisse der Tiefsee

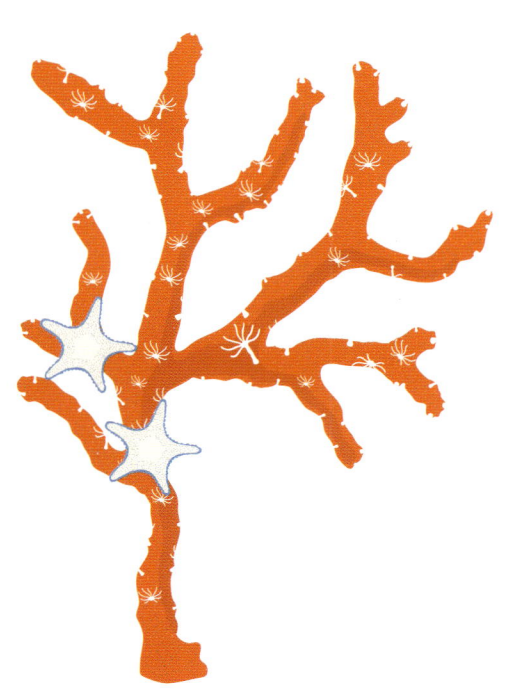

TEXT VON

Sabrina Weiss

ILLUSTRATIONEN

VON

Giulia De Amicis

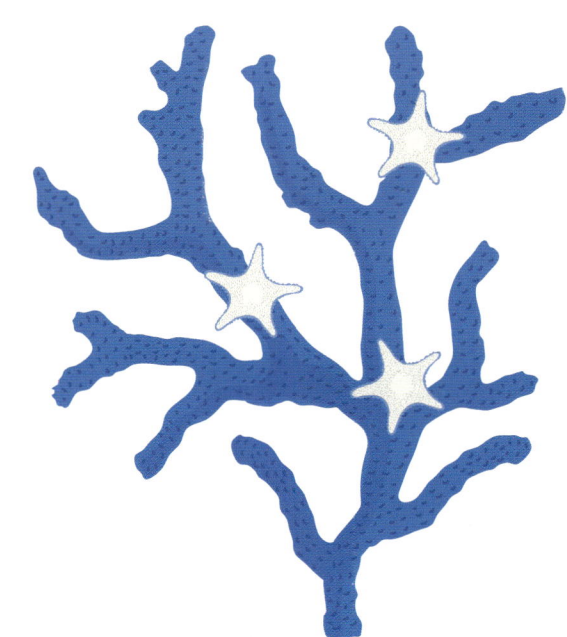

WSkids

WHITE STAR KIDS

Inhalt

Einleitung

Der Name, den unser Planet trägt, ist ziemlich irreführend. Die Erde besteht nämlich zu zwei Dritteln aus Wasser, daher wäre es vielleicht sinnvoller, sie würde „Ozean" heißen.

Der Ozean ist der größte Lebensraum der Erde und bevölkert von Millionen Lebewesen – von mikroskopisch kleinen Organismen bis zum riesigen Finnwal. Der Ozean beeinflusst auch Klima und Wetter: Das Wasser absorbiert die Sonnenwärme und verteilt sie mittels der sich immer wieder verlagernden Meeresströmungen auf dem ganzen Planeten.

Hole tief Luft. Und gleich noch mal.

Wusstest du, dass mehr als die Hälfte des Sauerstoffs in der Atmosphäre vom Ozean kommt? Im Grunde also die Menge, die du beim zweiten Mal eingeatmet hast.

Das winzige Phytoplankton und andere Meerespflanzen, die es in der Nähe der Wasseroberfläche gibt, nutzen das Sonnenlicht und Kohlenstoffdioxid, um Energie und den Sauerstoff zu erzeugen, den wir einatmen. Sie sondern mehr Sauerstoff ab als alle Bäume und Pflanzenarten der Erde zusammen!
Darüber hinaus steht das Plankton am Anfang der Nahrungskette.

Wir brauchen Luft zum Atmen, Wasser zum Trinken, Nahrungsmittel zum Essen und ein günstiges Klima zum Leben. Fast all das wird vom Ozean produziert oder transportiert.

Egal, wie weit weg vom Meer du wohnst, dein Leben wird vom Ozean beeinflusst, und der Ozean wird von deiner Lebensweise beeinflusst.

Wir alle wissen, wie wichtig Wasser für das Leben auf der Erde ist. Jede Zelle unseres Körpers benötigt Wasser, um richtig zu funktionieren und gesund zu bleiben. Der Körper eines Erwachsenen besteht aus circa 60% Wasser. Das Gleiche gilt für den Großteil der Tiere.

Aber der Ozean ist nicht nur eine riesige Ausdehnung von Wasser!

Von den Korallenriffen über die Unterwasserwälder bis zu den Polarmeeren, der Ozean umfasst die vielfältigsten und produktivsten Lebensräume unseres Planeten. Er birgt Nahrung und die unterschiedlichsten Wasserlebewesen.

Auch Gebirge und Vulkane finden sich darin. Selbst auf dem Meeresgrund gibt es Leben, bizarre Wesen, die gelernt haben, in ewiger Dunkelheit zu existieren, in eisigem Wasser und bei hohem Druck. Extreme Bedingungen, an die sie sich angepasst haben!

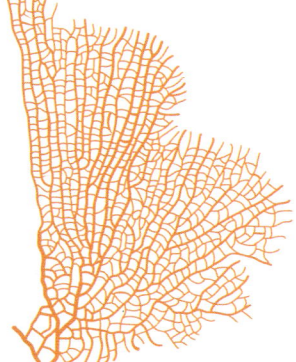
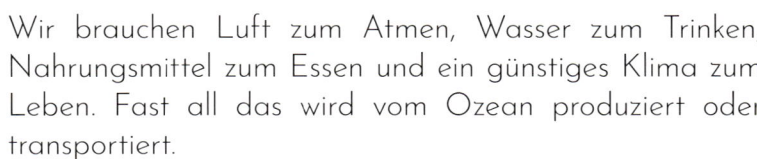
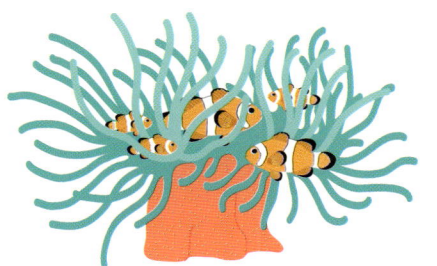

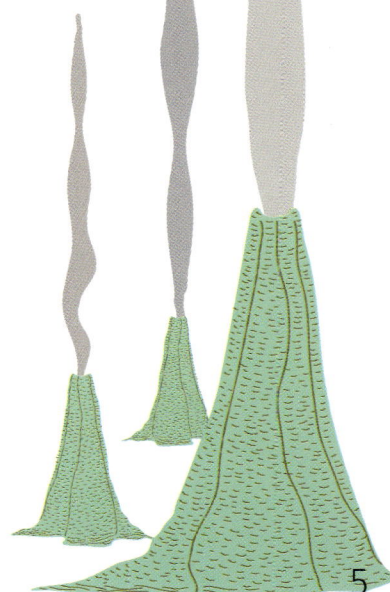

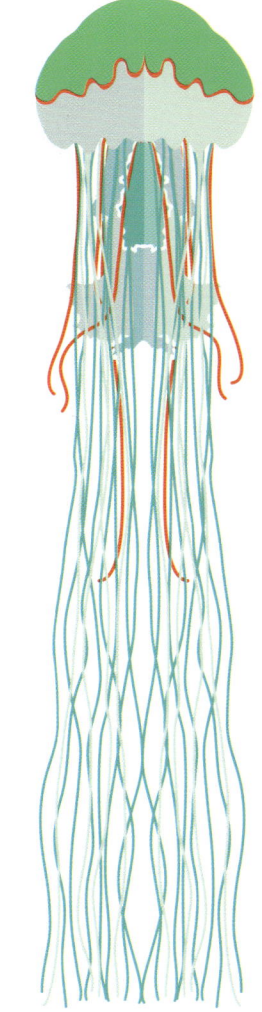

Dieses Buch entführt dich auf eine Entdeckungsreise zu den Geheimnissen der Unterwasserwelt, die von zahllosen erstaunlichen Wesen bevölkert ist. Auf den folgenden Seiten wirst du jede Menge interessanter Dinge erfahren.

Anschauliche Infografiken in Form von Karten und farbigen Illustrationen erzählen Bildgeschichten rund um den Ozean. Der Text beschränkt sich auf das Wesentliche: So kannst du die Zusammenhänge auf einen Blick erfassen.

Ein Großteil des Ozeans ist noch immer ein Geheimnis, aber täglich machen mutige Forscher in den abgelegensten Gegenden des blauen Planeten neue Entdeckungen.

Warum ist das Meer blau?

Spiegelt es das Himmelsblau?
Nein, die Art, wie es die Sonnenstrahlen filtert, lässt es blau scheinen.

Das Sonnenlicht besteht aus mehreren Farben unterschiedlicher Wellenlänge: Violett, Indigo, Blau, Grün, Gelb, Orange und Rot. Dieselben Farben, aus denen sich der Regenbogen zusammensetzt. Wenn das Sonnenlicht aufs Meer trifft, filtert das Wasser zuerst die langen Wellen heraus (Rot, Orange, Gelb), während sich an der Oberfläche Blau und Grün halten, die Farben, die wir sehen.

Der Ozean hört nie auf uns zu faszinieren

und erweckt in uns den Wunsch, bis in seine tiefsten Tiefen vorzudringen und seine Geheimnisse zu entdecken.

Also,

hole tief Luft

und tauche mit uns

in die Fluten

...

Ein Planet, ein Ozean

Vermutlich denkst du, dass es fünf Ozeane gibt – Pazifik, Atlantik, Indischer, Südlicher und Arktischer Ozean – wie du sie auf unserer Karte siehst, aber in Wirklichkeit sind alle miteinander verbunden und bilden einen einzigen großen Ozean.

Golf von Mexiko

Golfstrom

ATLANTISCHER OZEAN

OFFENES MEER

Der Ozean ist im Grunde ein offenes Gewässer, aber einige kleinere Abschnitte – Nebenmeere, Golfe und Meerengen genannt – sind teilweise von Festland eingeschlossen. Die größten sind das Korallenmeer, der Golf von Mexiko und der Golf von Bengalen.

PAZIFISCHER OZEAN

DIE SIEBEN MEERE

Was sind die „Sieben Meere", von denen in Büchern oft die Rede ist? Die Antwort hängt vom historischen Zeitpunkt ab und von der Person, der man die Frage stellen würde. Wann immer sich jemand in die „unbekannte" Welt aufgemacht und neue Gebiete entdeckt hat, kam er mit einer anderen Antwort zurück.
Heute bezeichnet dieser Ausdruck einfach nur sämtliche Meere und Ozeane der Welt.

ANTARKTISCHER OZEAN

Schon gewusst?

Der Ozean macht 96,5% des gesamten Wassers der Erdoberfläche aus. 1,6% sind in den Eiskappen, den Gletschern und im ewigen Eis enthalten; 1,7% im Boden. Auf Seen, Flüsse und Sümpfe entfallen nur circa 0,2% des Wassers auf der Erde, also nur ein Bruchteil!

96,5%	1,6%	1,7%	0,2%
Ozean	Eis-kappen	Boden	Seen und Flüsse

Wie ihr nun wisst, gib es nur einen einzigen Ozean, der jedoch aus verschiedenen, miteinander verbundenen Meeren besteht. Das Wasser hat trotzdem nicht überall die gleiche Beschaffenheit, es unterscheidet sich in Temperatur, Salzgehalt, Druck und Helligkeit. Zum Beispiel wird das Wasser mit zunehmender Tiefe kälter, dunkler und dichter.

Unterschiede gibt es auch zwischen verschiedenen Regionen der Erde. So bekommen die tropischen Gewässer, die die Länder in der Nähe des Äquators umgeben, mehr Sonnenlicht ab, weswegen sie besonders warm sind.

Schon gewusst?

Menschen können kein Meerwasser trinken, weil es zu viel Salz enthält. Das Salz stammt aus dem Gestein des Festlands und gelangt über die Flüsse in den Ozean.

Golf von Bengalen

INDISCHER OZEAN

Korallenmeer

WIR UND DER OZEAN

Unser Überleben hängt vom Ozean ab. Ein großer Teil unseres Essens kommt aus dem Meer. Für Millionen von Menschen sind Fische und Weichtiere die wichtigste Eiweißquelle. Aber auch viele andere unserer täglichen Nahrungsmittel enthalten Inhaltsstoffe aus dem Meer. Darüber hinaus stellt man aus bestimmten Substanzen von Meerespflanzen und -tieren Medikamente zur Behandlung von Krankheiten her.

Mythen und Legenden

Im Lauf der Jahrhunderte sind zahlreiche Mythen und Legenden um die Ozeane entstanden. Wenn Seeleute, die aufgebrochen waren, um unbekannte Länder und Kontinente zu entdecken, zurückkehrten, erzählten sie von ihren Abenteuern und den geheimnisvollen Wesen, denen sie auf ihren Reisen begegnet waren.

RIESENKRAKE

Der Riesenkrake, ein gigantischer Tintenfisch, der der Legende nach im Meer zwischen Norwegen und Grönland lebte, war gefürchtet, weil er Ruderboote angriff und Fischer fraß. Mittels seiner mächtigen Fangarme zog er selbst große Schiffe bis auf den Meeresgrund hinab.

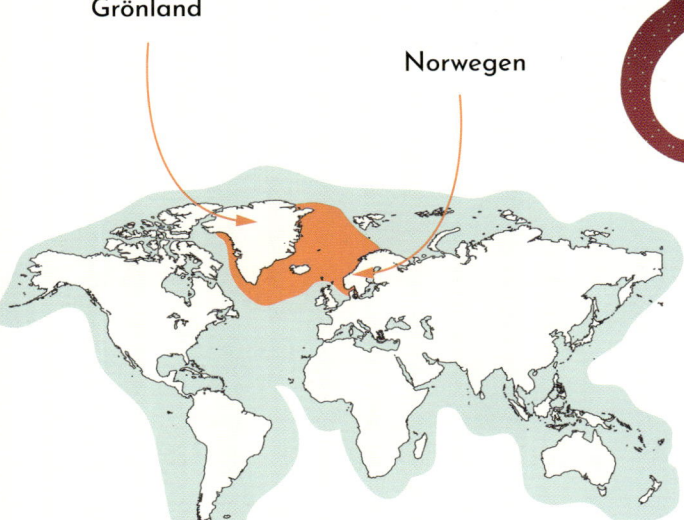

Grönland

Norwegen

RIESENKALMARE

Dieser Mythos hat einen wahren Kern. Heute wissen wir, dass es Riesenkalmare gibt, aber sie greifen keine Schiffe an.

Wissenschaftlern ist es gelungen, einige Exemplare zu untersuchen, die entweder gestrandet oder von Fischern in verschiedenen Gebieten der Welt gefangen wurden. Man geht davon aus, dass diese Wesen bis zu 12 Meter lang werden und in einer Tiefe von 300 bis 1000 Metern leben.

Riesenkalmare haben ebenso wie Kraken acht Arme und zwei längere Tentakeln, mit denen sie ihre Beute fangen. Auch wenn einige Exemplare entdeckt wurden, zählen sie zu den scheuesten Tieren überhaupt: Nur sehr selten wird ein Riesenkalmar außerhalb der Tiefsee gesichtet.

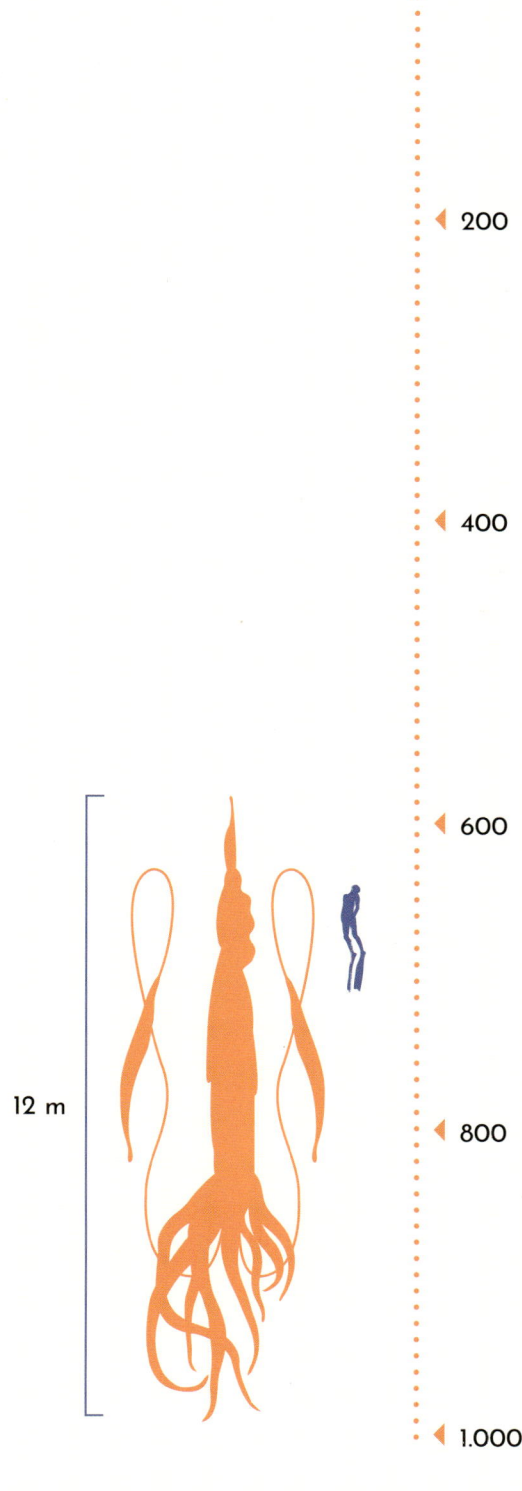

0

200

400

600

12 m

800

1.000

SIRENEN UND SEEKÜHE

Meerjungfrauen – Mischwesen aus Frau und Fisch – kommen in vielen antiken Geschichten, Märchen und auch modernen Büchern und Filmen vor. Man weiß nicht, wo und wann genau dieser Mythos entstand, aber bereits die Seefahrer der griechischen Antike haben von ihren Begegnungen mit diesen fantastischen Kreaturen erzählt.

Wie bei vielen anderen Mythen spielte auch bei diesem die Begegnung mit tatsächlich existierenden Tieren eine Rolle. Auf seiner Reise nach Amerika glaubte Christoph Kolumbus, drei Meerjungfrauen erblickt zu haben. Sehr wahrscheinlich handelte es sich jedoch um Rundschwanzseekühe (auch Manatis genannt).

Rundschwanzseekühe und ihre Verwandten, die Dugong, sind massige Meerestiere, die ganz langsam schwimmen und immer wieder zum Atmen auftauchen müssen. Sie sind die einzigen pflanzenfressenden Meeressäuger.

2,6 m

 Schon gewusst?

Die nächsten Verwandten der Seekühe auf dem Festland sind nicht die Kühe, sondern die Elefanten.

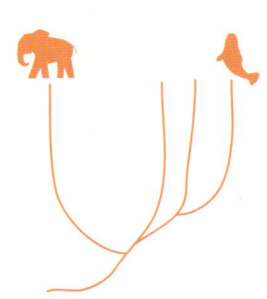

ATLANTIS

Der Ozean beherbergt die Ruinen untergegangener Städte und Schiffswracks. Er birgt zahlreiche antike Geheimnisse. Atlantis zum Beispiel war eine Insel, auf der Mensch und Tier friedlich zusammenlebten. Nach einem Erbeben, das einen Tag und eine Nacht andauerte, versank die Stadt in den Tiefen des Ozeans. Heißt es ...

Dies wurde vor mehr als 2300 Jahren vom griechischen Philosophen Platon beschrieben und noch heute halten manche es für wahr. Die Legende hat die Fantasie zahlreicher Forscher beflügelt und verschiedene Theorien entstehen lassen. Eine führt zur griechischen Insel Santorin, eine andere in die Meerenge von Gibraltar und wieder eine andere ans Schwarze Meer.

Archäologen und Geologen haben auf dem Grund des Ozeans nach Hinweisen gesucht. Doch bislang ist es niemandem gelungen, Beweise für die Existenz dieser märchenhaften Insel zu entdecken.

Manche glauben, Platon habe die Geschichte von Atlantis erfunden, um seine Zeitgenossen, die wohlhabenden Athener, daran zu erinnern, dass auch die bedeutendsten Reiche einmal untergehen können.

Irland

Nordsee

Gibraltar

Sizilien

Azoren

Schwarzes Meer

Bimini

Zypern

Kanarische Inseln

Malta

Santorin

Kreta

Reise in die Tiefsee

Dank neuer Technologien entdecken die Wissenschaftler tagtäglich etwas Neues über den Ozean. Und doch sind 90% des Meeresgrunds noch immer unerforscht.

Je tiefer man taucht, umso größer der Druck, bis er irgendwann nicht mehr auszuhalten ist. Extrem tiefe Gewässer zu erforschen, die noch nicht kartiert sind, ist daher eine große Herausforderung für den Menschen. Inzwischen ist es einfacher, die Oberfläche des Mars zu erkunden!

Die Schallgeschwindigkeit ist im Wasser höher als in der Luft; deshalb hat sich das Sonar, das mittels Schallwellen die Entfernungen zwischen verschiedenen Objekten misst, als die geeignete Technik erwiesen, um den Grund des Ozeans zu kartieren und sich unter Wasser zu orientieren.

Aber wie tief ist der Ozean? Das erfährst du in den folgenden Kapiteln. Und auch wie viele unterschiedliche Lebewesen ihn bevölkern: Der Ozean setzt sich aus einer Vielfalt an Habitaten zusammen, die sich je nach Tiefe, Helligkeit, Nährstoffen, Temperatur und Druck unterscheiden.

WELTRAUM GEGENÜBER OZEAN

Leider gibt es noch keine vollständige und detaillierte Karte des Ozeans. Zwar ist der gesamte Meeresgrund inzwischen kartiert, aber nur mit einer maximalen Auflösung von 5 Kilometern; bislang war es also nur möglich, alle Objekte größer als 5 Kilometer darzustellen.

Die Oberfläche des Mars und des Mondes sind dagegen vollständig mit einer Auflösung von 100 Metern kartiert, vom Meeresbodens hingegen bislang nur 10-15%.

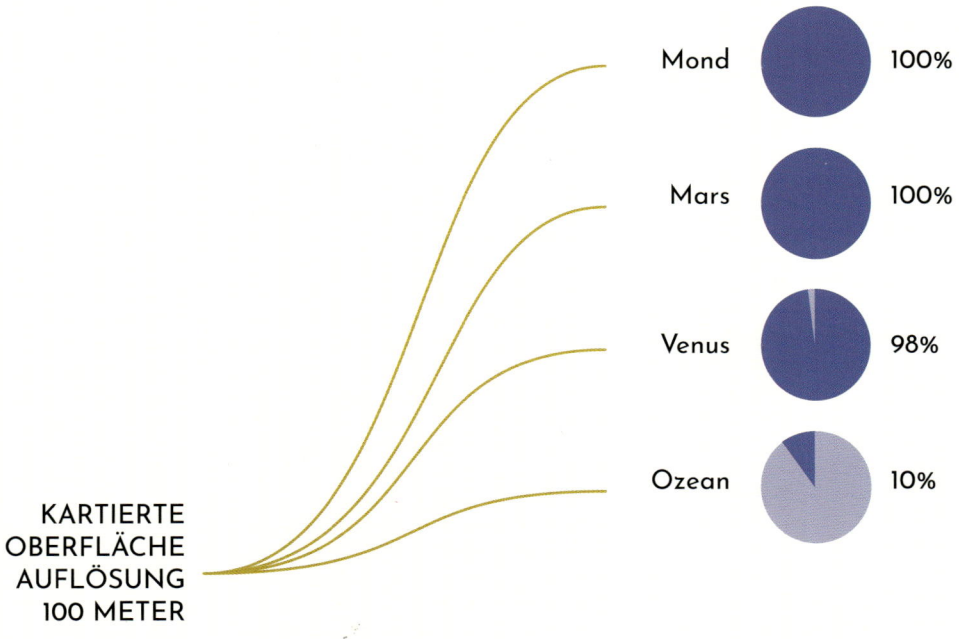

Mond   100%

Mars   100%

Venus   98%

Ozean   10%

KARTIERTE
OBERFLÄCHE
AUFLÖSUNG
100 METER

EUPHOTISCHE ZONE
(0-200 Meter)

„Euphotisch" kommt aus dem Griechischen und bedeutet erhellt. Diese Zone wird von den Sonnenstrahlen durchdrungen, die die Fotosynthese des Phytoplanktons und anderer Pflanzen ermöglichen. Schon in 100 Metern Tiefe gibt es kein Licht mehr.

Phytoplankton wird aus pflanzlichen Organismen gebildet und steht am Beginn der Nahrungskette.
Für die Fotosynthese nimmt es Energie aus den Sonnenstrahlen auf und gibt mehr als die Hälfte des Sauerstoffs ab, der von den Menschen und Landtieren eingeatmet wird. Auch winzigste Organismen vollbringen Großes!

Meerespflanzen und Phytoplankton absorbieren Energie aus dem Sonnenlicht

-100

und geben Sauerstoff an die Atmosphäre ab.

① Moräne

② Adlerrochen

③ Tintenfisch

④ Pferdeaktinie

⑤ Mondfisch

⑥ Strandkrabbe

⑦ Seestern

⑧ Papageifisch

⑨ Sonnenblumenseestern

⑩ Genetzter Kissenstern

⑪ Edelkoralle

⑫ Sanddollar

⑬ Europäischer Hummer

-200

15

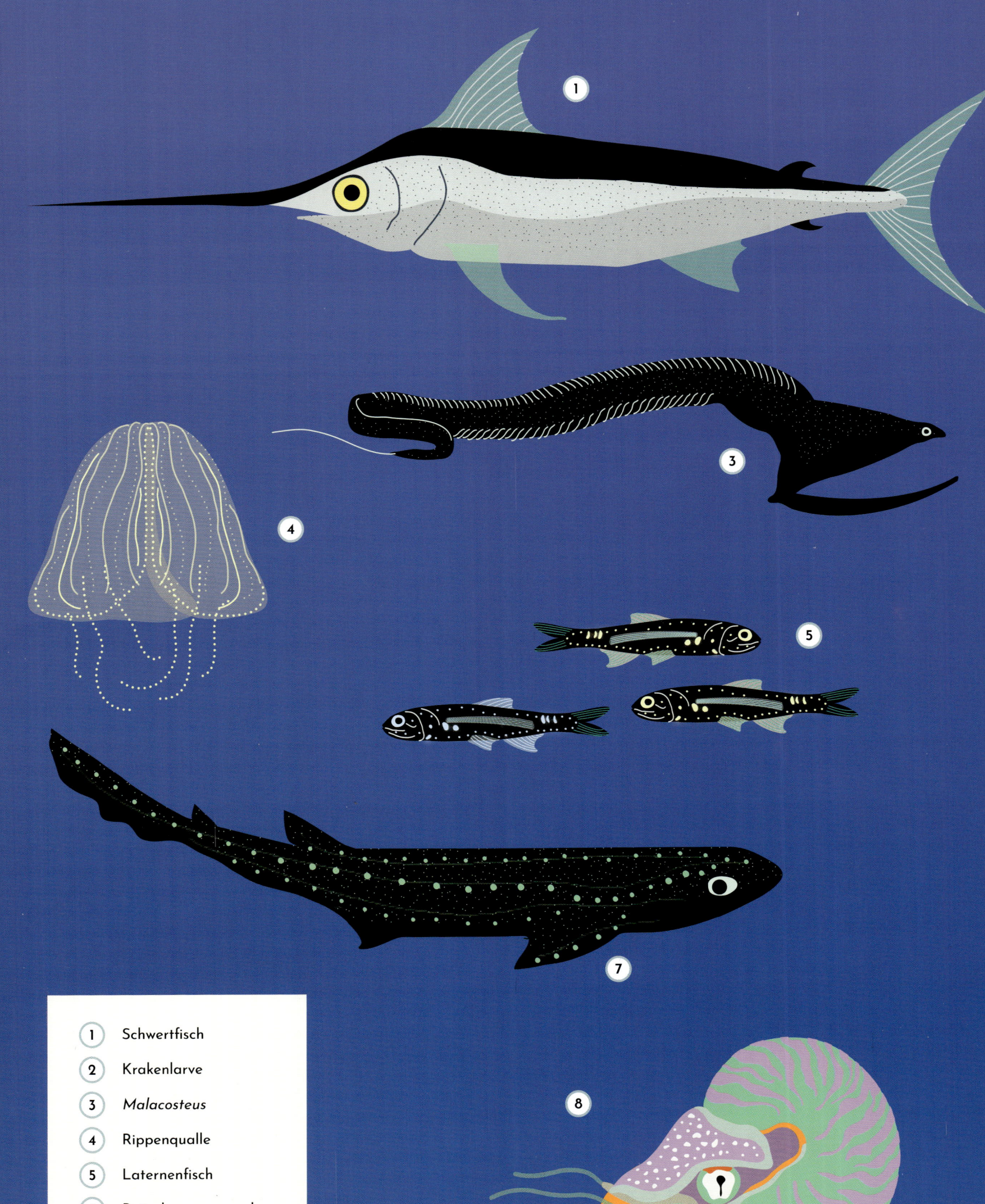

1 Schwertfisch

2 Krakenlarve

3 *Malacosteus*

4 Rippenqualle

5 Laternenfisch

6 Peitschennasenangler

7 Kettenkatzenhai

8 *Nautilus pompilius*

9 Leuchtinsekten

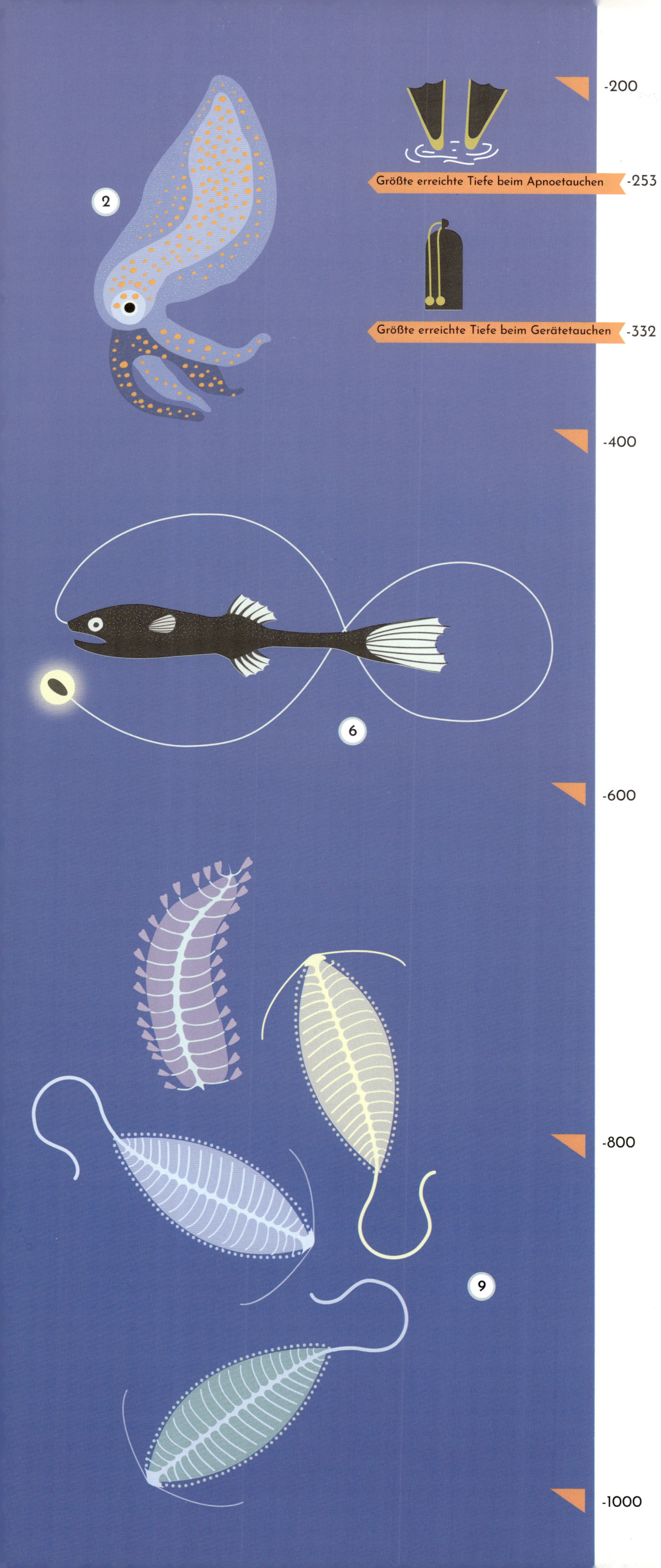

-200

Größte erreichte Tiefe beim Apnoetauchen -253

Größte erreichte Tiefe beim Gerätetauchen -332

-400

-600

-800

-1000

DÄMMERZONE (MESOPELAGIAL)
(200-1000 Meter)

In der Dämmerzone kann keine Fotosynthese stattfinden, weil das tagsüber eindringende Licht zu schwach ist. Daher können Pflanzen und Algen in diesem dunklen Gewässer nicht überleben.

Viele der hier lebenden Tiere haben riesige Augen, mit denen sie das wenige Licht aufnehmen, das bis hierher dringt; andere leuchten (Biolumineszenz), reflektieren Licht oder beherbergen Bakterien, die es produzieren. So sind sie in der Lage, sich vor Räubern zu schützen, indem sie sie blenden, Nahrung zu suchen und mit Artgenossen zu kommunizieren.

Eines dieser biolumineszenten Wesen ist der Laternenfisch: Er verdankt seinen Namen den winzigen Leuchtorganen an seinem Kopf, an den Seiten, auf Bauch und Schwanz. Nur nachts steigen die Laternenfische an die Oberfläche, um Plankton zu fressen, aber die meiste Zeit verbringen sie in der Tiefe.

Kettenkatzenhaie sind kleine nachtaktive Haie, die sich gern in Spalten und Klüften verstecken. Das Pigment auf ihrer Haut kann blaues Licht absorbieren und es als grünes fluoreszierendes Licht reflektieren. Dadurch können sie sich sichtbar machen und kommunizieren. Das nennt man Biofluoreszenz.

 Schon gewusst?

Das Vordringen in die Dämmerzone ist für den menschlichen Körper äußerst belastend. Dank spezieller Ausrüstung ist es jedoch einigen Tauchern gelungen, in diese unglaublichen Tiefen vorzudringen:

253 Meter: Die größte Tiefe, die beim Apnoetauchen (erst beim Auftauchen atmet man wieder ein) erreicht wurde, und zwar vor der Küste von Santorin in Griechenland. Der österreichische Apnoetaucher Herbert Nitsch hätte beim Auftauchen fast sein Leben verloren und musste hinterher wieder gehen und sprechen lernen.

332 Meter: Die meisten Gerätetauchgänge unterschreiten eine Tiefe von 40 Metern nicht, doch dem Ägypter Ahmed Gabr ist es 2014 gelungen, diesen Weltrekord aufzustellen. Zwar erreichte er in nur 12 Minuten den tiefsten Punkt, aber der gesamte Tauchgang dauerte ungefähr 14 Stunden! Weil zu schnelles Auftauchen gefährlich ist, musste er immer wieder in unterschiedlichen Tiefen pausieren.

1 Schwarzer Drachenfisch
2 Buckliger Anglerfisch
3 Pottwal
4 Riesenkalmar
5 Fangzahnfisch
6 Cuvier-Schnabelwal
7 Kaltwasserkoralle
8 Schwarze Raucher
9 Yeti-Krabbe

-1000

MITTERNACHTSZONE (BATHYPELAGIAL)
(1000-4000 Meter)

Hier dringt kein Sonnenlicht durch, es herrscht ewige Finsternis. Weil es zu dunkel und zu kalt und der Druck extrem hoch ist, dachte man lange, dass hier jegliches Leben ausgeschlossen sei. Aber einige Tiere haben sich an diese feindlichen Bedingungen angepasst. So haben die weiblichen Tiefseeanglerfische (oder Tiefseeteufel) eine Art Angel am Kopf, an deren Ende Millionen leuchtender Bakterien leben. Vom Licht angezogene Beutetiere nähern sich dem bedrohlich aussehenden Fisch und werden von seinem riesigen Maul eingesaugt.

Die viel kleineren Männchen verfügen nicht über diesen leuchtenden Köder, finden die Weibchen aber mit ihrem ausgeprägten Geruchssinn.

Auch einige Meeressäuger tauchen zur Nahrungsbeschaffung in diese Zone hinab. So können Pottwale bis 2000 Meter tief tauchen, manchmal wagen sie sich sogar noch tiefer hinab, um Riesenkalmare aufzuspüren.

Den Rekord hält jedoch der Cuvier-Schnabelwal, der fast 3000 Meter tief tauchen und mehr als 2 Stunden (137 Minuten) in Apnoe (ohne Luft zu holen) bleiben kann!

2

5

-2000

6

Tauchtiefe des Cuvier-Schnabelwals -3000

⭐ Schon gewusst?

Das Wrack der Titanic, die 1912 nach einer Kollision mit einem Eisberg im Nordatlantik unterging, liegt in einer Tiefe von 3800 Metern.

9

Wrack der Titanic -3800

-4000

1 Grenadierfisch

2 Dumbotintenfisch

3 Rote Riesengarnele

4 Zombiewurm

5 Dreibeinfisch

6 Stumpfnasen-
Sechskiemerhai

7 Seegurke

8 Seespinne

ABYSSOPELAGIAL
(4000–6000 Meter)

Diese Dunkelzonen sind weite, von Sedimenten bedeckte Flächen. Seegurken, Grenadierfische, Dreibeinfische, Schlangensterne, Seespinnen und Seegurken sind einige der Lebewesen, die in dieser Tiefe existieren können. Sie ernähren sich von dem, was aus den höheren Zonen herabsinkt: von Bakterien und Plankton bis zu toten Organismen wie Pflanzen, Fischen oder sogar Walen.

Stirbt ein Wal, sinkt sein Kadaver langsam auf den Grund. Ein Festmahl für Aasfresser, die sich monatelang von seinem Weichgewebe ernähren. Ist nur noch das Gerippe übrig, sind Planktonbakterien und Zombie-Würmer (Osedax = Knochenfresser) an der Reihe, die sich über Jahre, manchmal sogar Jahrzehnte daran laben.

Der Meeresgrund ist nicht nur eine riesige Ausdehnung von Sand. Vulkane und Bergketten ragen auf, einige davon eindrucksvoller als jene auf dem Festland. Eine solche Gebirgskette heißt Mittelozeanischer Rücken: Er bildet sich, wenn zwei Kontinentalplatten auseinanderstreben und Magma aus dem Riss tritt. Die längste der Welt ist der Mittelatlantische Rücken, der sich fast vollständig unter Wasser befindet.

Stoßen hingen zwei Platten der Ozeanischen Erdkruste aufeinander – beziehungsweise die ozeanischen Teile der Erdkruste –, wird eine Platte hinabgezogen und schiebt sich unter die andere: So bildet sich eine Tiefseerinne. Die durchschnittliche Tiefe des Ozeans beträgt 3700 Meter, diese Rinnen reichen jedoch sehr viel tiefer.

Eine jähe Bewegung der Kontinentalplatten kann ein Erdbeben auslösen, also ein Beben der Erdoberfläche.

⭐ Schon gewusst?

Ein Tsunami ist eine Riesenwelle, ausgelöst von einem Erdbeben oder einer unterseeischen Eruption. Auf dem offenen Meer wirken diese Wellen klein, aber je näher sie dem Festland kommen und je niedriger die Wassertiefe, umso höher werden sie. 1958 traf ein Megatsunami auf die Lituya Bay in Alaska, der bis zu einer Höhe von 524 Metern auflief.

Megatsunami
524 Meter

Empire State Building
381 Meter

1 Marianenschneckenfisch

2 Bart-Feuerborstenwurm

3 *Alicella gigantea*

4 Seeschweinchen

5 Schlangensterne

-6000

DAS HADAL
(6000-11.000 Meter)

Diese Zone ist von Gräben durchzogen. Der berühmteste ist der Marianengraben im Pazifik, wo sich die mit 10.994 Metern tiefste Stelle der Erdoberfläche befindet: das Challengertief. Zum Vergleich: Der Mount Everest ragt 8848 Meter

über den Meeresspiegel, eine Höhe, die das Challengerief um 2146 Meter in umgekehrter Richtung übertrifft.

Schon gewusst?

Der Druck des Wassers auf den Grund des Challengertiefs ist tausend Mal größer als der, den die Atmosphäre auf die Meeresoberfläche ausübt.

-7000

3

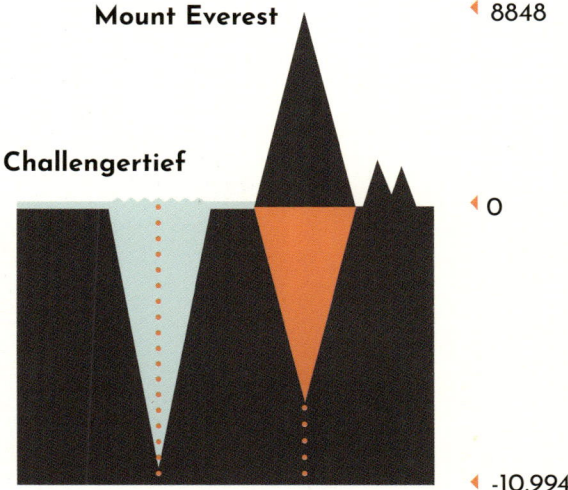

-8000

4

-9000

-10.000

Tiefste Stelle der Erde

-10.994

Drei Forscher haben sich bislang in das Challengertief hinabgewagt. 1960 brachte der Bathyscaph Trieste Auguste Piccard und den Marineleutnant Don Walsh auf den Meeresgrund hinab. Trotz eines Risses im Fenster verweilten sie 20 Minuten, ehe sie wieder nach oben schwebten, was dreieinviertel Stunden dauerte. 2012 gelang dem Regisseur James Cameron ein Solotauchgang in dem Tiefsee-U-Boot Deepsea Challenger. Während seines vierstündigen Aufenthalts auf dem Grund machten Spezialkameras 3D-Aufnahmen. Heutzutage werden bei unbemannten Expeditionen Bodenproben und Meereslebewesen eingesammelt, um mehr über diese geheimnisvolle Welt zu erfahren.

Was verbirgt sich in den tiefsten Meereszonen? Bis zu 34 Zentimeter lange Krustentiere, verschiedene Würmer und Bakterien. Kurzum, Leben. Den Rekord stellen die Marianenschneckenfische auf, die in größerer Tiefe als alle anderen Arten leben.

-11.000

23

Unterwasserwelten

Die Meeresökosysteme sind faszinierende Unterwasserwelten. Es gibt viele verschiedene Arten. Wir finden sie in der Nähe der Sandstrände ebenso wie in der Tiefsee.

ÖKO- WAS?!

Ein Ökosystem ist die Gesamtheit der lebenden und nichtlebenden Organismen in einem bestimmten Gebiet. Tiere, Pflanzen und andere Organismen hängen alle voneinander ab, ebenso wie von den Elementen, die sie umgeben: Wasser, Sonnenlicht, Luft, Felsen und Boden. In jedem Ökosystem spielt jeder Organismus eine wichtige Rolle. Eine einzige Änderung innerhalb einer Art kann das Gleichgewicht des ganzen Ökosystems stören.

INVASIVE ARTEN

Invasive Arten sind nicht endemische Arten - solche, die an einem bestimmten Ort nicht heimisch sind: Daher können sie, wenn sie in ein neues Ökosystem eindringen, das natürliche Gleichgewicht beträchtlich stören.

Der wunderschöne, aber gefräßige Pazifische Rotfeuerfisch zum Beispiel lebt für gewöhnlich im Indopazifischen Ozean. Eines Tages entließ jedoch jemand sechs Exemplare aus einem Aquarium in den Atlantik. Ausgestattet mit giftigen Stacheln, pflanzt sich dieser Fisch in besorgniserregendem Tempo fort. Folglich haben es endemische Fische wie der Zackenbarsch schwer, sich Nahrung zu beschaffen, sodass ihre Zahl dramatisch sinkt.

Die Gemeine Strandkrabbe war zunächst in Europa und Nordafrika beheimatet, wurde aber von Schiffen nach Nord- und Südamerika, Südafrika, Japan und Australien gebracht.

KORALLENRIFFE

Korallenriffe sind Beispiele für ein Ökosystem. Bekannt wegen ihrer leuchtenden Farben und der vielfältigen Meereswesen, die sie beherbergen, werden sie auch als „Regenwälder des Ozeans" bezeichnet und ziehen zahlreiche Schnorchler und Taucher aus der ganzen Welt an.

Oft fälschlicherweise für Felsen oder Pflanzen gehalten, handelt es sich bei ihnen in Wirklichkeit um Gebilde aus Hunderttausenden von Polypen, die mit Seeanemonen und Quallen verwandt sind. Ihre Beute fangen sie mit ihren nesselnden Armen.

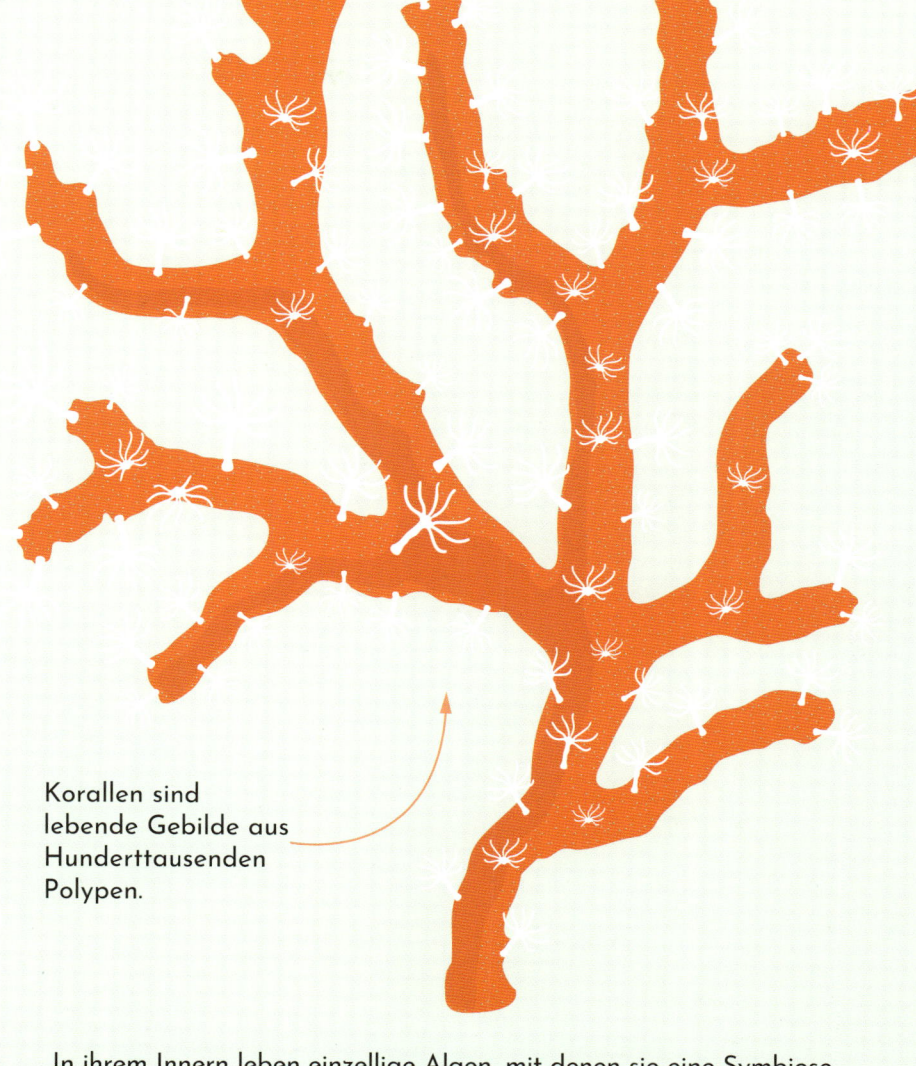

Korallen sind lebende Gebilde aus Hunderttausenden Polypen.

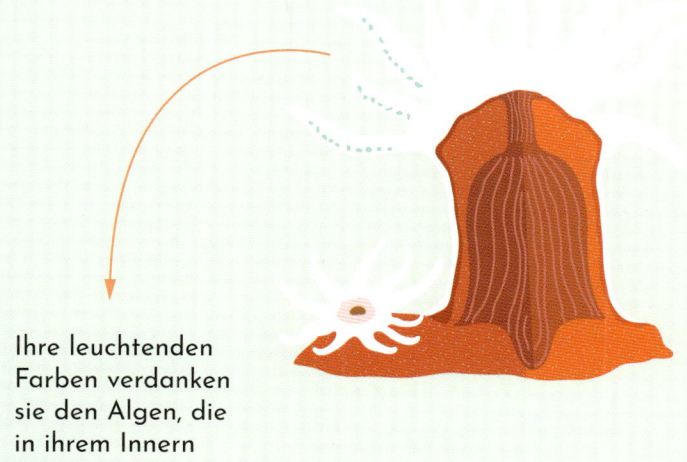

Ihre leuchtenden Farben verdanken sie den Algen, die in ihrem Innern leben.

In ihrem Innern leben einzellige Algen, mit denen sie eine Symbiose bilden: Die Algen bekommen von den Korallen Schutz und nutzen für ihre Fotosynthese deren Abfallprodukte. Daraus und aus Wasser produzieren die Algen unter Einwirkung des Sonnenlichts bestimmte Zucker, die wiederum von den Korallen benötigt werden, um zu wachsen und ein Riff zu bilden. Bei der Fotosynthese erzeugen Algen auch Sauerstoff.

Bei Tage erhalten die Korallen von den Algen also die benötigte Energie, während sie nachts ihre Tentakeln ausstrecken, um die winzigen Organismen einzufangen, aus denen das vorbeischwebende Zooplankton besteht.

Korallenkolonien können die unterschiedlichsten Strukturen bilden: Manche sind felsig, verzweigt oder stachelig, andere wiederum ähneln Daunen oder gar dem menschlichen Gehirn. Es gibt kleine Riffe und solche, die sich über Hunderte von Kilometern erstrecken.

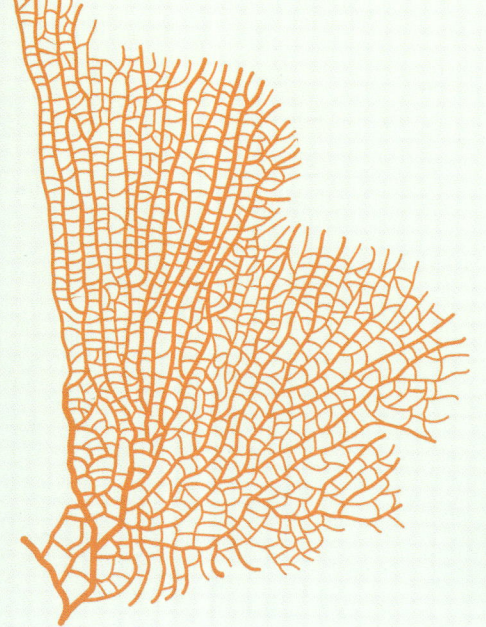

Fächerkoralle

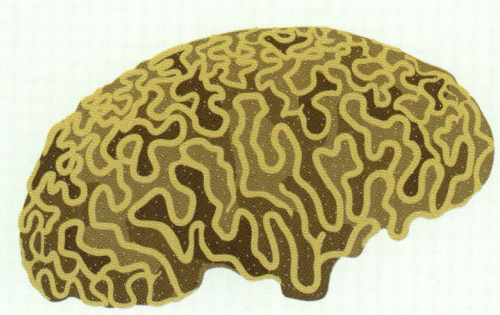

Hirnkoralle

Pilzkoralle

DAS GREAT BARRIER REEF

Aus mehr als 3000 kleineren Riffen bestehend, erstreckt sich das Great Barrier Reef über eine Länge von 2300 Kilometern entlang der nordöstlichen Küste Australiens. Es ist die größte lebende Struktur der Erde. Es beherbergt nicht nur eine Vielzahl an Meerestieren, sondern ist auch Heimat zahlreicher Vogelarten. Wenn du folgende Infografik liest, erfährst du, wie viele und welche Tiere in diesem Unterwassergarten gedeihen!

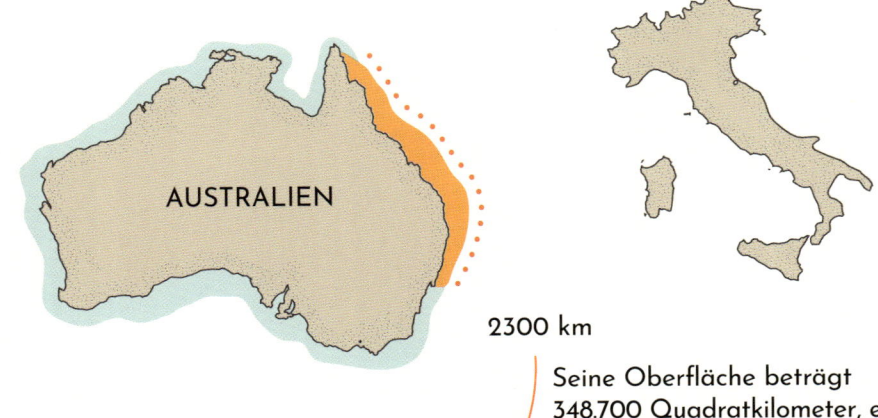

AUSTRALIEN

2300 km

Seine Oberfläche beträgt 348.700 Quadratkilometer, eine größere Fläche als die Italiens.

Zahl der Arten, die dort leben

Das Great Barrier Reef ist so weitläufig, dass es sogar aus dem Weltraum zu sehen ist.

⭐ *Schon gewusst?*

Obwohl Korallenriffe weniger als 0,2% des Meeresgrunds ausmachen, bieten sie 25% der bekannten Meeresewesen einen Lebensraum.

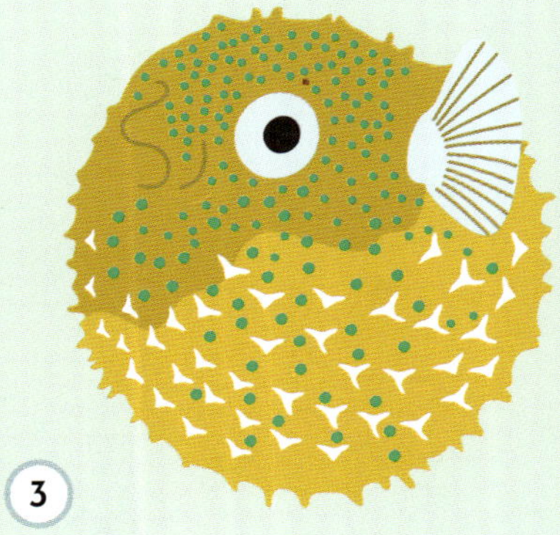

3000 Weichtiere

1625 Fische

600 Korallen

500 Würmer

215 Vögel

133 Haie und Rochen

100 Quallen

30 Meeressäuger

① Schwarzspitzen-Riffhai

② Halfterfisch

③ Kugelfisch

④ Grüne Meeresschildkröte

⑤ Papageifisch

⑥ Schmetterlingsfisch

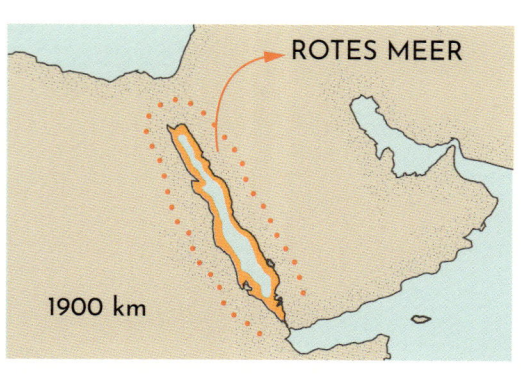

ROTES MEER

1900 km

Die Korallenriffe des Roten Meers befinden sich an der Küste von Ägypten, Sudan, Eritrea, Dschibuti, Jemen, Saudiarabien, Jordan und Israel.

EIN LEBENSSYSTEM

Korallenriffe zählen zu den produktivsten und vielfältigsten Ökosystemen der Welt. Sie sind wie Städte inmitten einer riesigen Wüste, wo man allen Meereswesen begegnet. Zahlreiche Arten leben ständig im Riff: Einige Fische wie die Papageifische ernähren sich von den Algen in den Korallen; kleine Garnelen und Fische finden Schutz in den Klüften. Auch Haie und andere große Fische suchen regelmäßig die Riffe auf, weil sie dort leicht Nahrung finden.

 Schon gewusst?

Viele weiße tropische Sandstrände sind auch wegen der Ausscheidungen der Papageifische entstanden. Mit ihren schnabelförmigen Mündern knabbern sie an Korallenpanzern und Felsen und nehmen so Kalksteinpartikel auf, die sie als weißen Sand wieder ausscheiden.

Das Great Barrier Reef beherbergt 6 der 7 weltweit vorkommenden Meeresschildkrötenarten.

Im Ozean leben circa 95 Arten von Papageifischen.

4

5

6

40°C

Korallen können bei einer Wassertemperatur von 4 bis 40°C überleben.

4°

0°C

Flachwasserkorallen gedeihen bei Temperaturen zwischen 23 und 29° C, ertragen aber über kürzere Zeiträume auch niedrigere (bis 18°C) oder höhere (bis 40°C) Temperaturen. Zahlreiche Korallenarten finden sich in dunklem und tiefem Wasser, wo die Temperaturen zwischen 4 und 12°C schwanken. Auch diese Kaltwasserkorallen stellen ein Habitat für verschiedene Arten dar, bilden jedoch keine Symbiose mit Algen, sondern sind völlig abhängig von der Nahrung, die die Strömungen herantragen.

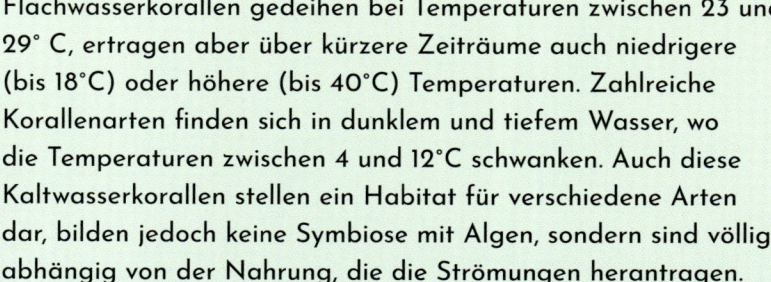

Deltas, Salzwiesen und Mangroven

Küstenökosysteme bilden sich dort, wo Meer und Festland aufeinandertreffen. Die Küsten sind jedoch nicht nur ein wichtiger Meereslebensraum, sondern schützen das Festland auch vor verheerenden Stürmen, bilden eine natürliche Blockade gegen riesige Wellen und verhindern Überschwemmungen.

DELTA

Ein Flussdelta, auch Mündungsdelta, bildet sich dort, wo ein Fluss endet und sich ins Meer ergießt. Im Delta verlangsamt sich die Fließgeschwindigkeit, der Fluss wird breiter und verzweigt sich in viele kleine Arme: Auf diese Weise lagern sich die vom Flusswasser mitgeführten Sedimente im Mündungsgebiet ab, ehe sie ins Meer geschwemmt werden. In den Deltas leben viele Tiere und Pflanzen. Zugvögel nutzen sie, um sich ein wenig auszuruhen und sich zu stärken, ehe sie ihre lange Reise fortsetzen.

1 Pfuhlschnepfe

2 Rostgans

3 Silberreiher

4 Zitronenhai

5 Gefleckter Adlerrochen

6 Hering

7 Seepferdchen

SALZWIESEN

Hierbei handelt es sich um sandige und sumpfige Gebiete in Küstennähe. Da die Salzwiesen bei Flut von Salzwasser überschwemmt werden, muss ihre Vegetation – größtenteils Büsche, Sträucher und grasartige Pflanzen – widerstandsfähgig gegen Salz sein, das sie andernfalls austrocknen würde.

MANGROVENWÄLDER

In den tropischen Regionen finden sich statt Salzwiesen Mangrovenwälder. Das sind Vegetationsformen, die mehr als 80 Baum- und Straucharten umfassen. Wie die Salzwiesen bieten auch die Mangroven zahlreichen Meeresarten Zuflucht. Ihr dichtes Wurzelgeflecht bildet ein Labyrinth, wo junge Fische - von Felsenfischen über Rochen bis zu Haien - Schutz vor Räubern finden, bis sie groß genug sind, um sich ins offene Meer zu wagen.

3

4

5

6

7

Kelpwälder

Diese Braunalgenart, die man für gewöhnlich in niedrigen Gewässern findet, wo ausreichend Sonnenlicht vorhanden ist, bildet wogende Wälder, die zahlreichen Meeresarten Schutz und Nahrung bieten.

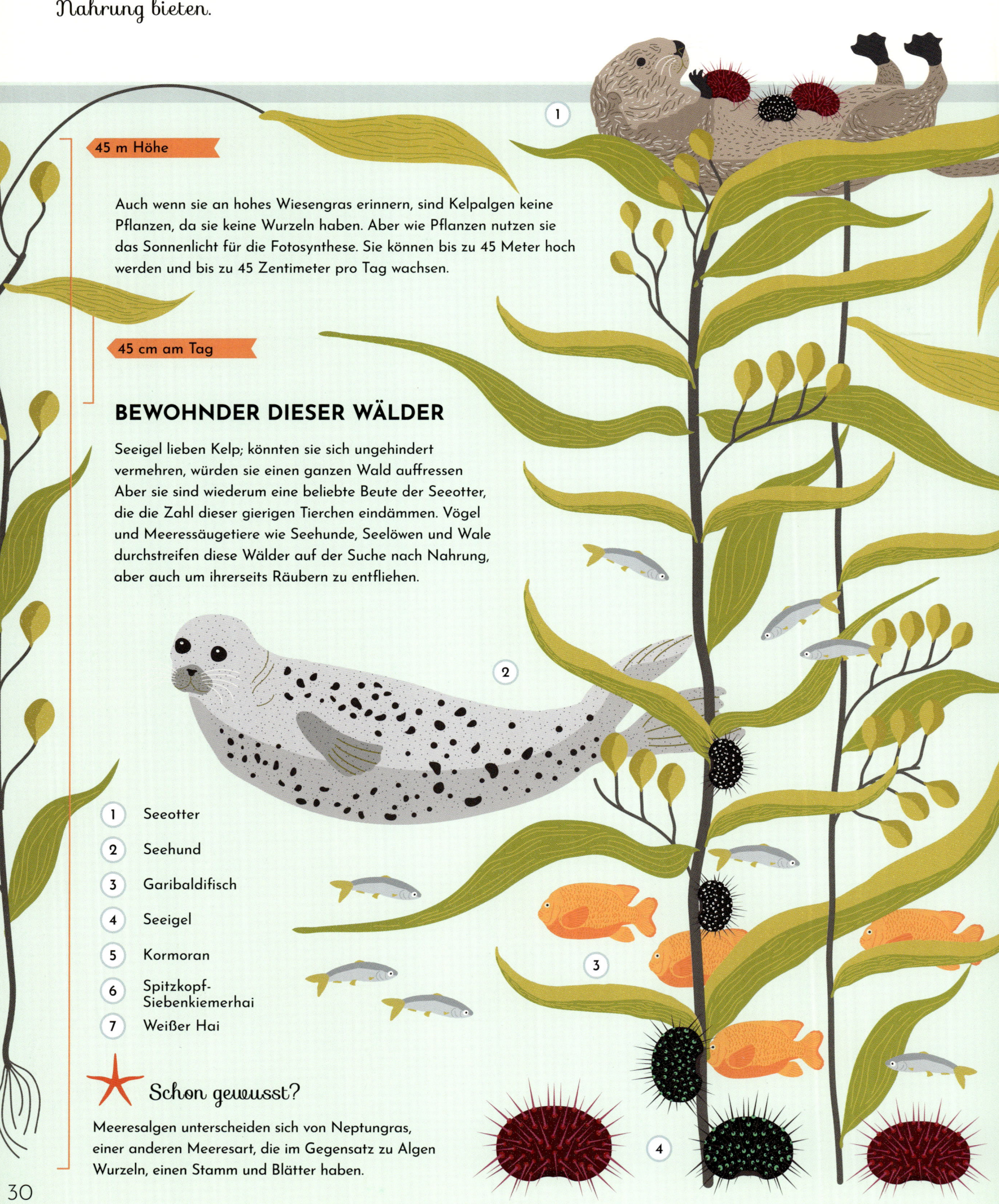

45 m Höhe

Auch wenn sie an hohes Wiesengras erinnern, sind Kelpalgen keine Pflanzen, da sie keine Wurzeln haben. Aber wie Pflanzen nutzen sie das Sonnenlicht für die Fotosynthese. Sie können bis zu 45 Meter hoch werden und bis zu 45 Zentimeter pro Tag wachsen.

45 cm am Tag

BEWOHNDER DIESER WÄLDER

Seeigel lieben Kelp; könnten sie sich ungehindert vermehren, würden sie einen ganzen Wald auffressen Aber sie sind wiederum eine beliebte Beute der Seeotter, die die Zahl dieser gierigen Tierchen eindämmen. Vögel und Meeressäugetiere wie Seehunde, Seelöwen und Wale durchstreifen diese Wälder auf der Suche nach Nahrung, aber auch um ihrerseits Räubern zu entfliehen.

1 Seeotter
2 Seehund
3 Garibaldifisch
4 Seeigel
5 Kormoran
6 Spitzkopf-Siebenkiemerhai
7 Weißer Hai

Schon gewusst?

Meeresalgen unterscheiden sich von Neptungras, einer anderen Meeresart, die im Gegensatz zu Algen Wurzeln, einen Stamm und Blätter haben.

EIN FESTMAHL FÜR DIE VÖGEL

Kelpwälder sind ein natürliches Büfett für Vögel. Kormorane, Möwen, Reiher und Raben zum Beispiel ernähren sich von großen Mengen Fischen und Wirbellosen, die in diesen Wäldern leben.

⭐ *Schon gewusst?*

Alginat, ein Algenextrakt, wird als Verdickungsmittel für Gelatine, Joghurt, Pudding, Zahnpasta, Shampoo, Farben verwendet Auch bei der Arzneimittelherstellung wird eingesetzt.

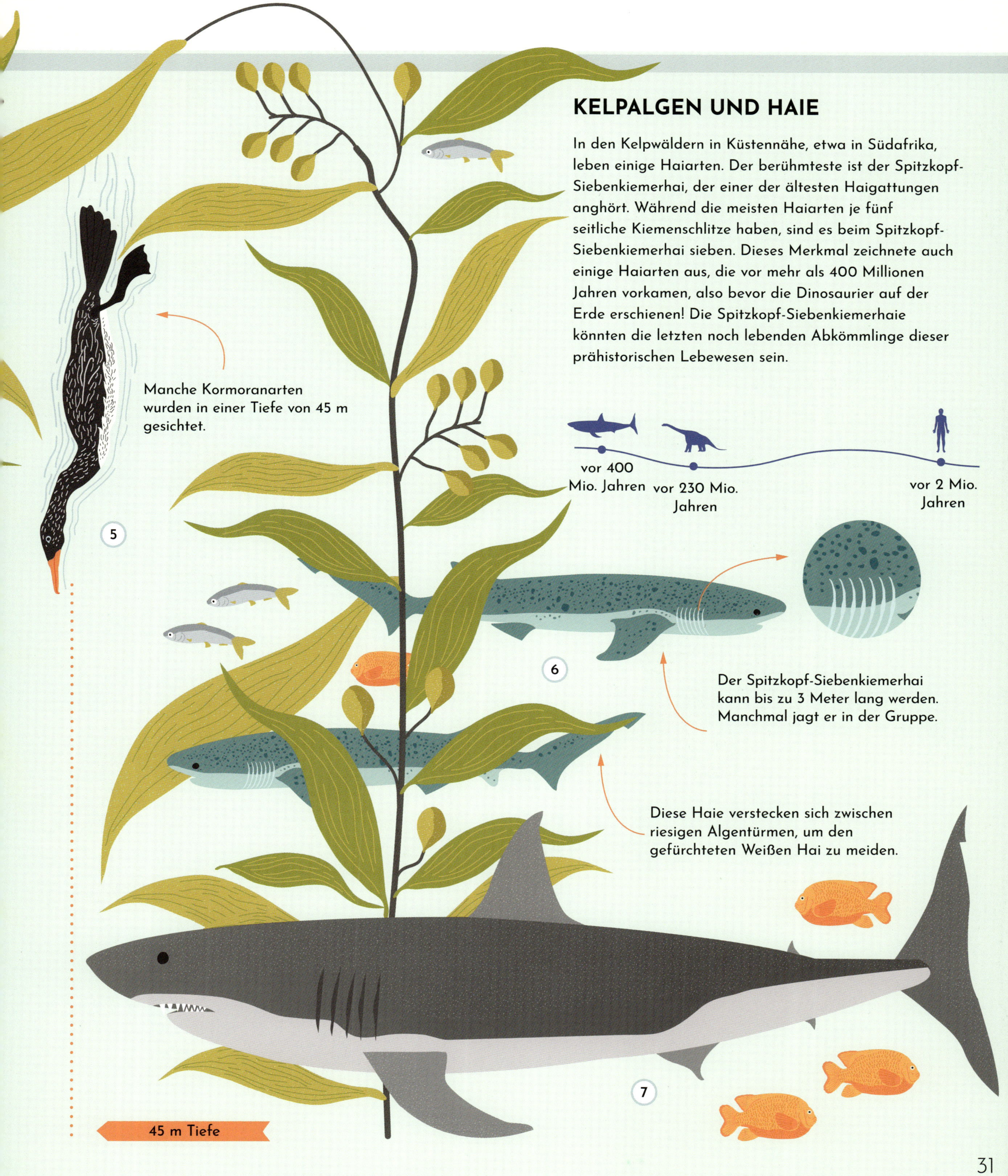

Manche Kormoranarten wurden in einer Tiefe von 45 m gesichtet.

5

KELPALGEN UND HAIE

In den Kelpwäldern in Küstennähe, etwa in Südafrika, leben einige Haiarten. Der berühmteste ist der Spitzkopf-Siebenkiemerhai, der einer der ältesten Haigattungen anghört. Während die meisten Haiarten je fünf seitliche Kiemenschlitze haben, sind es beim Spitzkopf-Siebenkiemerhai sieben. Dieses Merkmal zeichnete auch einige Haiarten aus, die vor mehr als 400 Millionen Jahren vorkamen, also bevor die Dinosaurier auf der Erde erschienen! Die Spitzkopf-Siebenkiemerhaie könnten die letzten noch lebenden Abkömmlinge dieser prähistorischen Lebewesen sein.

vor 400 Mio. Jahren

vor 230 Mio. Jahren

vor 2 Mio. Jahren

6

Der Spitzkopf-Siebenkiemerhai kann bis zu 3 Meter lang werden. Manchmal jagt er in der Gruppe.

Diese Haie verstecken sich zwischen riesigen Algentürmen, um den gefürchteten Weißen Hai zu meiden.

7

45 m Tiefe

Polarmeere

Die Polarökosysteme befinden sich an Nord- und Südpol, bzw. in der Arktis und Antarktis, auf dem sechsten Kontinent unseres Planeten. In extrem kalten Zonen, wo die Temperatur bis auf -60°C sinken kann. Unter diesen extremen klimatischen Bedingungen können nur wenige Pflanzen- und Tierarten überleben. Und doch sind diese ständig von Strömungen durchzogenen Gewässer reich an Nährstoffen und zählen zu den produktivsten der Erde.

ARKTIS

Große Teile des Arktischen Ozeans sind ständig von einer dicken Eisschicht bedeckt, die das hindurchdringende Sonnenlicht begrenzt. Einige Meereswesen haben sich aber an ein Leben in Wasser angepasst, dessen Temperatur kaum mehr als 0° Celsius erreicht.

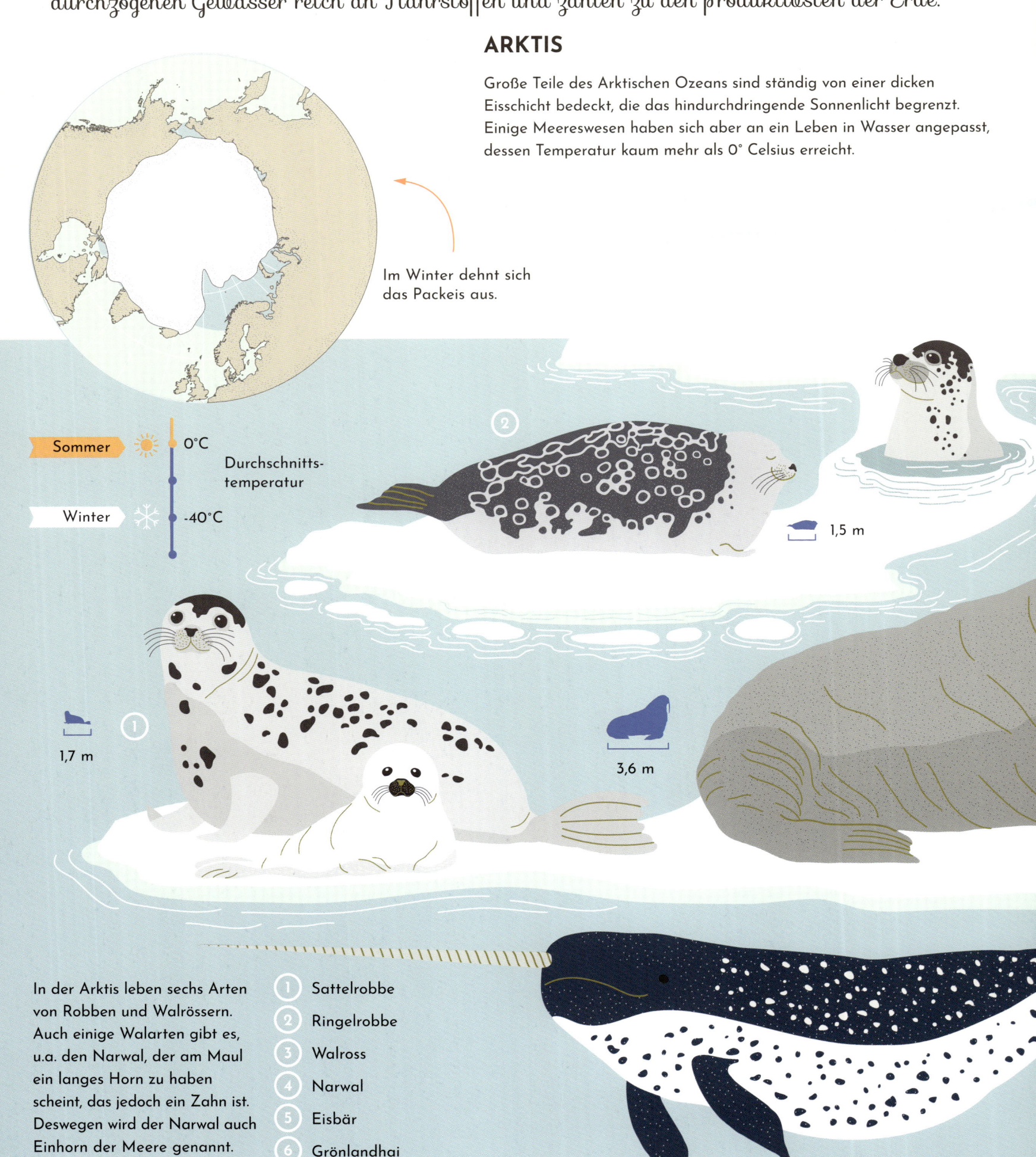

Im Winter dehnt sich das Packeis aus.

Sommer ☀ 0°C
Durchschnitts-temperatur
Winter ❄ -40°C

1,5 m

1,7 m

①

3,6 m

In der Arktis leben sechs Arten von Robben und Walrössern. Auch einige Walarten gibt es, u.a. den Narwal, der am Maul ein langes Horn zu haben scheint, das jedoch ein Zahn ist. Deswegen wird der Narwal auch Einhorn der Meere genannt.

① Sattelrobbe
② Ringelrobbe
③ Walross
④ Narwal
⑤ Eisbär
⑥ Grönlandhai

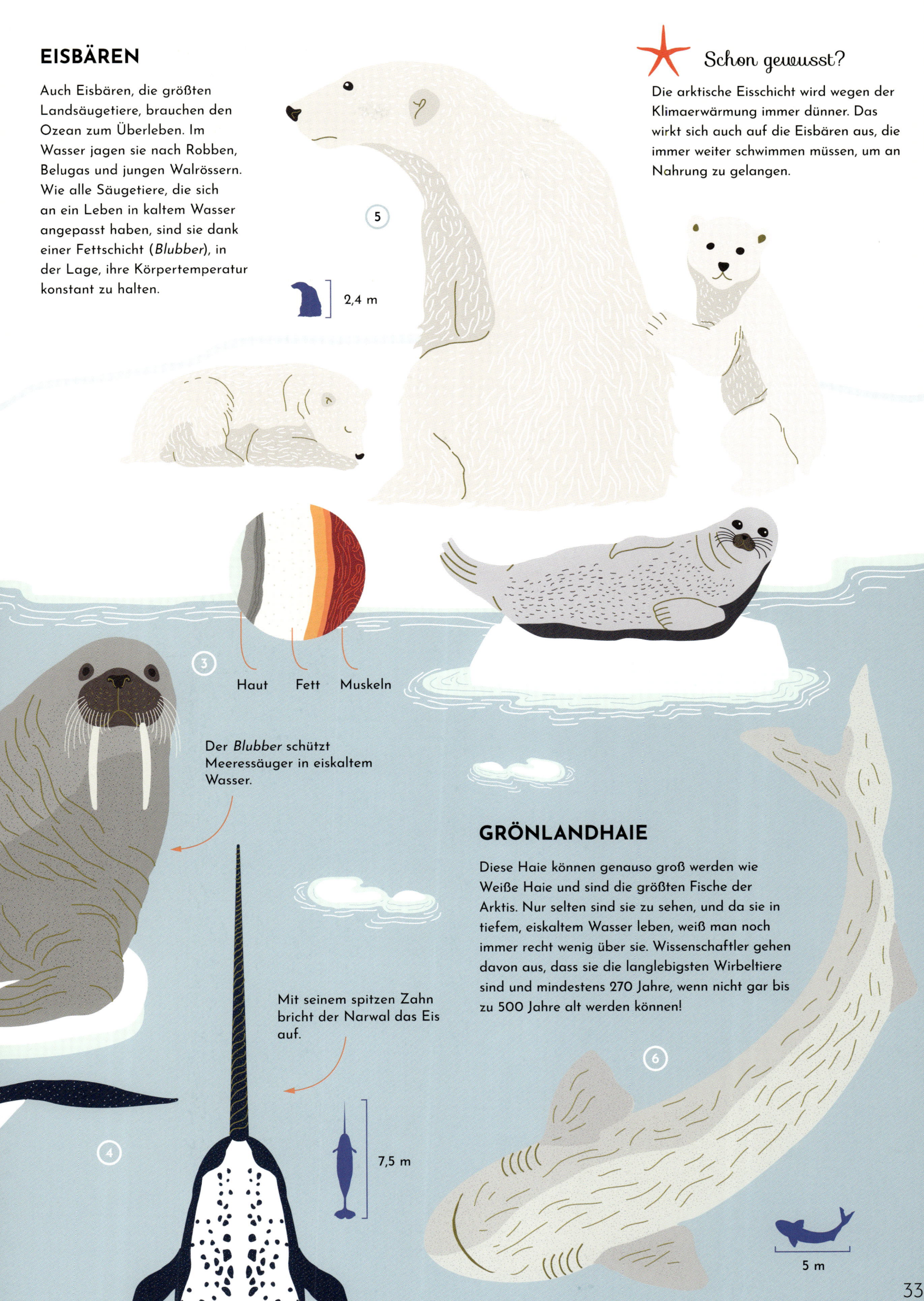

EISBÄREN

Auch Eisbären, die größten Landsäugetiere, brauchen den Ozean zum Überleben. Im Wasser jagen sie nach Robben, Belugas und jungen Walrössern. Wie alle Säugetiere, die sich an ein Leben in kaltem Wasser angepasst haben, sind sie dank einer Fettschicht (*Blubber*), in der Lage, ihre Körpertemperatur konstant zu halten.

Schon gewusst?

Die arktische Eisschicht wird wegen der Klimaerwärmung immer dünner. Das wirkt sich auch auf die Eisbären aus, die immer weiter schwimmen müssen, um an Nahrung zu gelangen.

5

2,4 m

3

Haut   Fett   Muskeln

Der *Blubber* schützt Meeressäuger in eiskaltem Wasser.

GRÖNLANDHAIE

Diese Haie können genauso groß werden wie Weiße Haie und sind die größten Fische der Arktis. Nur selten sind sie zu sehen, und da sie in tiefem, eiskaltem Wasser leben, weiß man noch immer recht wenig über sie. Wissenschaftler gehen davon aus, dass sie die langlebigsten Wirbeltiere sind und mindestens 270 Jahre, wenn nicht gar bis zu 500 Jahre alt werden können!

Mit seinem spitzen Zahn bricht der Narwal das Eis auf.

4

7,5 m

6

5 m

ANTARKTIS

Auch wenn Nord- und Südpol die gleiche Menge Sonnenlicht abbekommen, unterscheiden sich die beiden Polargebiete stark. Die Arktis ist ein von Festland umgebener Ozean, die Antarktis hingegen ein vom Ozean umgebenes Festland.

Die Antarktis befindet sich am Südpol.

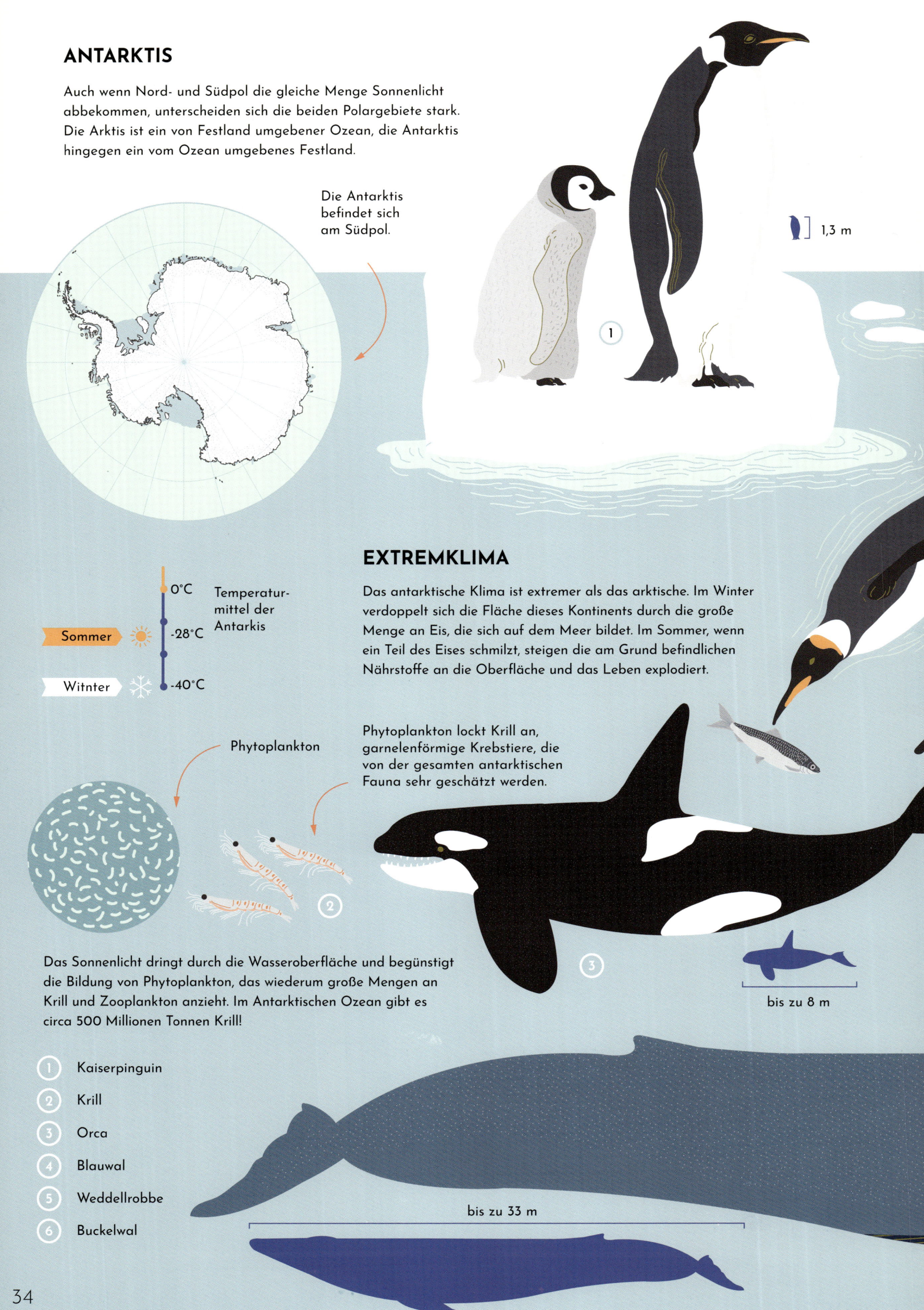

1,3 m

0°C

Temperatur-
mittel der
Antarkis

Sommer ☀ -28°C

Witnter ❄ -40°C

Phytoplankton

EXTREMKLIMA

Das antarktische Klima ist extremer als das arktische. Im Winter verdoppelt sich die Fläche dieses Kontinents durch die große Menge an Eis, die sich auf dem Meer bildet. Im Sommer, wenn ein Teil des Eises schmilzt, steigen die am Grund befindlichen Nährstoffe an die Oberfläche und das Leben explodiert.

Phytoplankton lockt Krill an, garnelenförmige Krebstiere, die von der gesamten antarktischen Fauna sehr geschätzt werden.

Das Sonnenlicht dringt durch die Wasseroberfläche und begünstigt die Bildung von Phytoplankton, das wiederum große Mengen an Krill und Zooplankton anzieht. Im Antarktischen Ozean gibt es circa 500 Millionen Tonnen Krill!

bis zu 8 m

1 Kaiserpinguin

2 Krill

3 Orca

4 Blauwal

5 Weddellrobbe

6 Buckelwal

bis zu 33 m

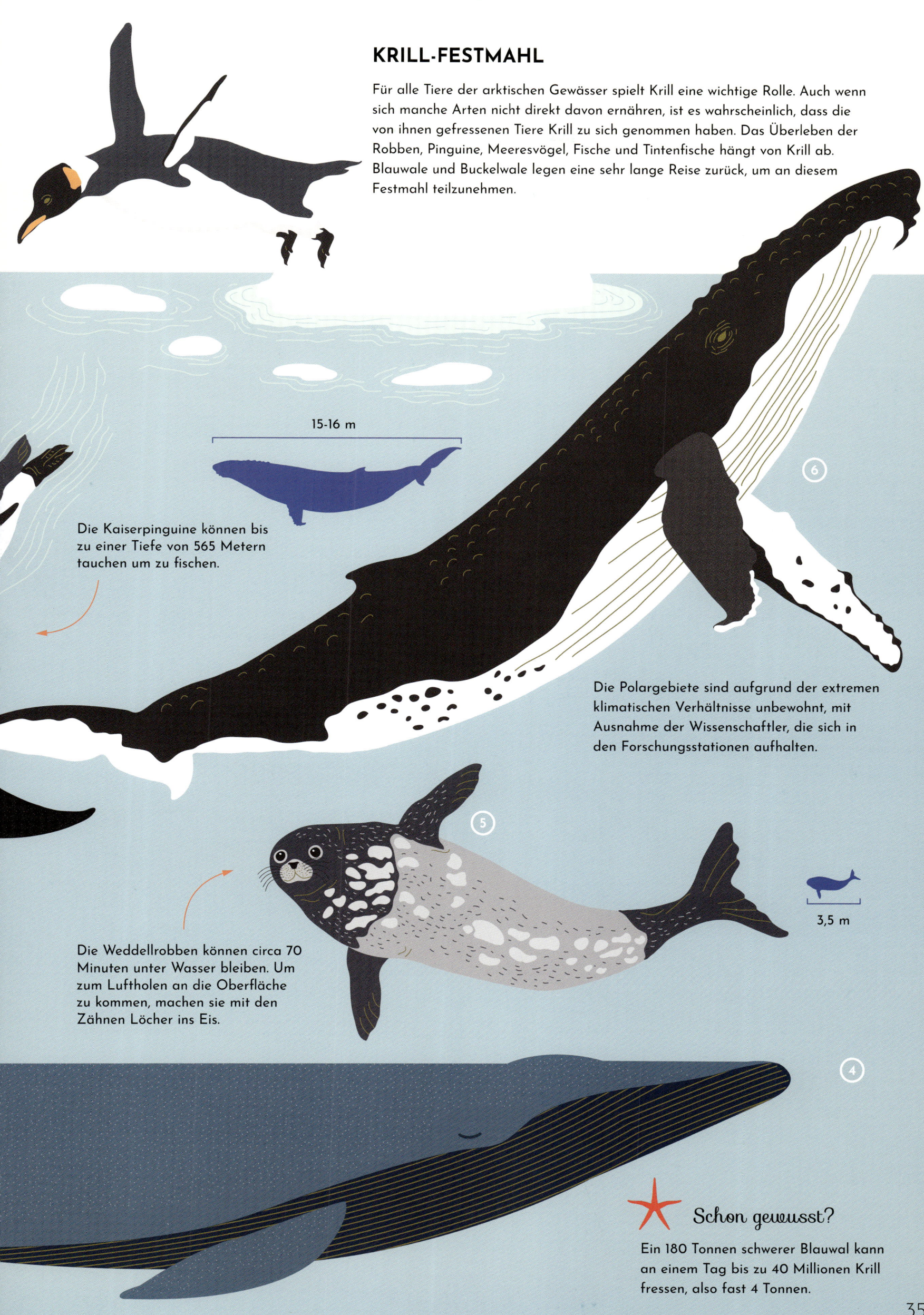

KRILL-FESTMAHL

Für alle Tiere der arktischen Gewässer spielt Krill eine wichtige Rolle. Auch wenn sich manche Arten nicht direkt davon ernähren, ist es wahrscheinlich, dass die von ihnen gefressenen Tiere Krill zu sich genommen haben. Das Überleben der Robben, Pinguine, Meeresvögel, Fische und Tintenfische hängt von Krill ab. Blauwale und Buckelwale legen eine sehr lange Reise zurück, um an diesem Festmahl teilzunehmen.

15-16 m

6

Die Kaiserpinguine können bis zu einer Tiefe von 565 Metern tauchen um zu fischen.

Die Polargebiete sind aufgrund der extremen klimatischen Verhältnisse unbewohnt, mit Ausnahme der Wissenschaftler, die sich in den Forschungsstationen aufhalten.

5

3,5 m

Die Weddellrobben können circa 70 Minuten unter Wasser bleiben. Um zum Luftholen an die Oberfläche zu kommen, machen sie mit den Zähnen Löcher ins Eis.

4

Schon gewusst?

Ein 180 Tonnen schwerer Blauwal kann an einem Tag bis zu 40 Millionen Krill fressen, also fast 4 Tonnen.

Meeresleben

Es gibt Fische in allen möglichen Formen, Farben und Größen. Doch sie haben auch einige gemeinsame Merkmale: Alle haben Kiemen, Gräten und Flossen und eine Körperform, die beim Schwimmen für einen möglichst geringen Wasserwiderstand sorgt.

LEBEN IM OZEAN

Die Fische sind wesentlich älter als die auf dem Festland lebenden Tiere: Das Leben im Ozean hat sich drei Milliarden Jahre früher entwickelt als das auf dem Festland. Selbst die Dinosaurier, die vor 230 Millionen Jahren die Erde zu besiedeln begannen, waren sehr viel jünger als die Meereswesen. Anhand der unten aufgeführte Zeitlinie kannst du sehen, dass das Meer der älteste Lebensraum ist.

Der Großteil der Arten auf unserem Planeten lebt im Ozean, aber nicht alle sind Fische. Vom mikroskopisch kleinen Plankton bis zu den Riesenwalen: Die Meereslebewelt umfasst Säugetiere, Reptilien, Krustentiere, Korallen, Pflanzen, Pilze und Mikroben.

Leben im Ozean

Leben auf Festland

Erste Vertreter der Gattung *Homo*

Entstehung der Erde

Erste Fische

Erste Dinosaurier

vor 4,5 Milliarden Jahren

4 Milliarden

530 Millionen

500 Millionen

230 Millionen

2 Millionen

Schon gewusst?

Im Ozean gibt es 242.000 bekannte Arten und jeden Tag kommen neue hinzu. Millionen von Arten gilt es noch zu entdecken und zu erforschen!

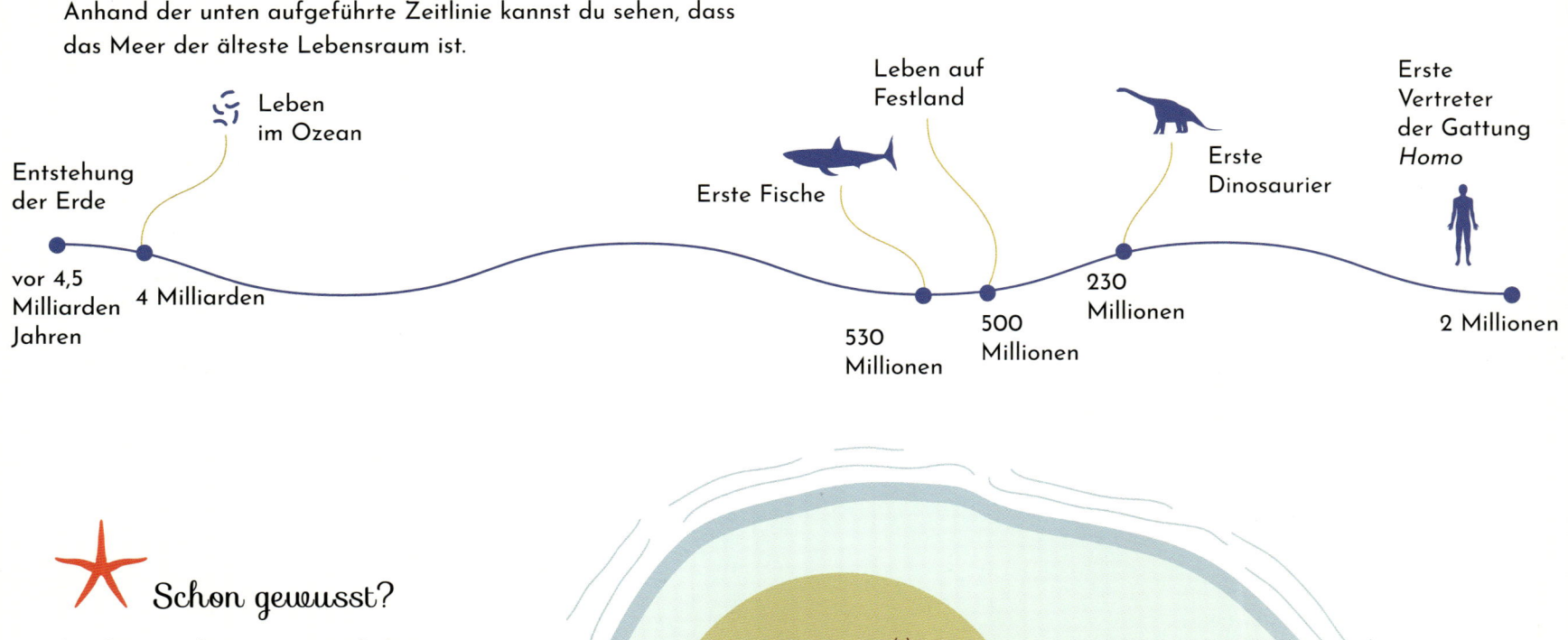

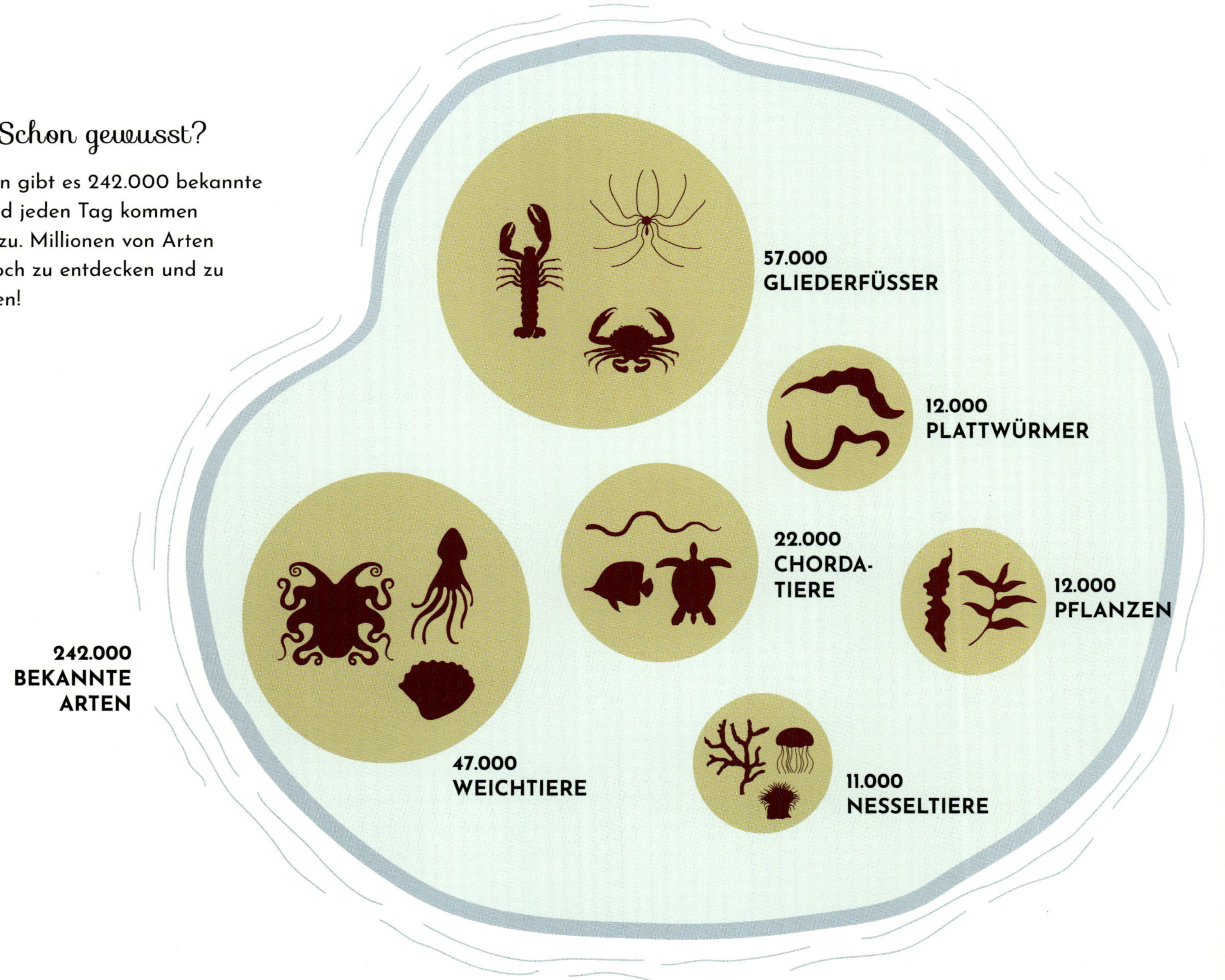

57.000
GLIEDERFÜSSER

12.000
PLATTWÜRMER

22.000
CHORDA-
TIERE

12.000
PFLANZEN

242.000
BEKANNTE
ARTEN

47.000
WEICHTIERE

11.000
NESSELTIERE

WER FRISST WAS

Die Lebewesen eines Ökosystems sind nach ihren Nahrungsbeziehungen zusammengefasst. Am Beginn der Nahrungsketten stehen die sich selbst ernährenden Organismen und am Ende die Konsumenten. Das Zooplankton ernährt sich von diesen Primärproduzenten und wird von kleinen Fischen gefressen, die wiederum von großen Fischen gefressen werden und so weiter. In Meeresökosystemen sind die einzelnen Nahrungsketten miteinander verbunden und bilden ein sogenanntes Nahrungsnetz.

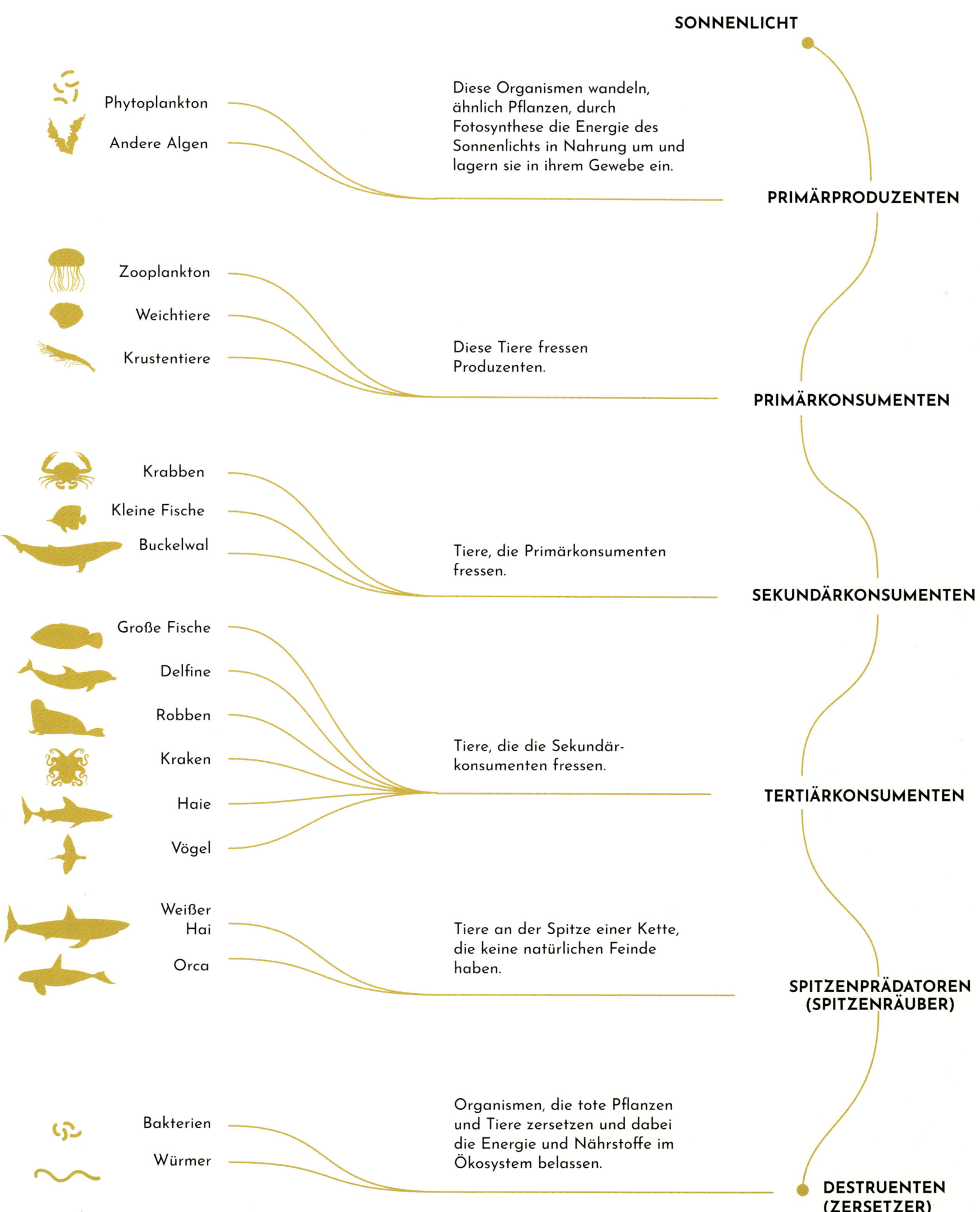

SONNENLICHT

Phytoplankton

Andere Algen

Diese Organismen wandeln, ähnlich Pflanzen, durch Fotosynthese die Energie des Sonnenlichts in Nahrung um und lagern sie in ihrem Gewebe ein.

PRIMÄRPRODUZENTEN

Zooplankton

Weichtiere

Krustentiere

Diese Tiere fressen Produzenten.

PRIMÄRKONSUMENTEN

Krabben

Kleine Fische

Buckelwal

Tiere, die Primärkonsumenten fressen.

SEKUNDÄRKONSUMENTEN

Große Fische

Delfine

Robben

Kraken

Haie

Vögel

Tiere, die die Sekundär-konsumenten fressen.

TERTIÄRKONSUMENTEN

Weißer Hai

Orca

Tiere an der Spitze einer Kette, die keine natürlichen Feinde haben.

SPITZENPRÄDATOREN (SPITZENRÄUBER)

Bakterien

Würmer

Organismen, die tote Pflanzen und Tiere zersetzen und dabei die Energie und Nährstoffe im Ökosystem belassen.

DESTRUENTEN (ZERSETZER)

Tiere so groß wie ein Autobus

Einige Meeresbewohner wie Wale, Haie, Quallen und Rochen lassen uns Menschen winzig erscheinen. Doch trotz ihrer kolossalen Größe sind diese Giganten der Ozeane noch immer wenig erforscht.

BLAUWAL

Er ist das größte Lebewesen, das es je auf der Erde gab. Dieses anmutige Säugetier, das bis zu 33 Meter lang und 180 Tonnen schwer werden kann, ernährt sich fast ausschließlich von riesigen Mengen an Krill. Vermutlich vertilgt er um die 40 Millionen Tonnen davon! Er ist extrem scheu und wird nur selten gesichtet.

CARCHAROCLES MEGALODON

Das Wort *Megalodon* kommt aus dem Griechischen und bedeutet „großer Zahn". Wissenschaftler haben einen 18 Zentimeter langen fossilen Zahn dieses Tiers entdeckt und davon abgeleitet, dass dieser prähistorische Räuber zwischen 14 und 20 Meter lang gewesen war, also dreimal länger als der größte Weiße Hai. Der Carchaocles megalodon starb vor ungefähr 2,6 Millionen Jahren aus und gilt als die bislang größte bekannte Haiart der Erdgeschichte.

WALHAI

Der Walhai ist der größte Fisch der Gegenwart. Er kann bis zu 14 Metern lang und mehr als 20 Tonnen schwer werden. Abgesehen davon, dass er so groß wie ein Wal werden kann, ist er in jeder Hinsicht ein Fisch, mit fünf Kiemen auf jeder Seite, mit denen er den Sauerstoff aus dem Wasser filtern kann. Siehst du die weißen Flecken auf seinem Rücken? Bei jedem Tier bilden sie ein ganz eigenes Muster, an dem die Forscher die einzelnen Individuen unterscheiden können.

GELBE HAARQUALLE

Zwar misst der Rumpf einer Gelben Haarqualle nicht mehr als eine Länge von 2 Metern, aber ihre Tentakeln können bis zu 30 Meter lang werden. Sie bilden acht Gruppen zu mindestens 150 Tentakeln und sind mit giftigen Nesselzellen bedeckt, mit denen sie Zooplankton, Krustentiere, kleine Fische und Quallen einfängt. Diese Weichtiere können länger als ein Blauwal werden.

= 2 Meter

RIESENKALMAR

Obwohl sie die größten Wirbeltiere der Welt sind (bis zu 12 Meter lang!), sind sie für uns noch immer geheimnisvolle Wesen. Sie haben riesige Augen, die größten im ganzen Tierreich, mit einem Durchmesser von gut 25 Zentimeter, wie der von Basketballkörben! Große Augen zu haben kann sehr nützlich sein, wenn man am Meeresgrund lebt: Je größer, umso mehr Licht können sie aufnehmen und umso leichter die Umrisse ihrer Feinde erkennen, wie etwa die des Pottwals.

POTTWAL

Der Pottwal ist zwar nicht der größte Walfisch, aber er verfügt über das größte Gehirn des Tierreichs. Er zeichnet sich durch die rechteckige Form seines Kopfs aus, der ein Drittel seiner Gesamtlänge ausmacht. Dieser Zahnwal (eine Unterordnung von Walen, die über Zähne verfügt) verbringt viel Zeit in der Tiefsee und jagt Riesenkalmare, Kraken und Fische.

WEISSER HAI

An der Spitze der Nahrungskette steht der Weiße Hai, einer der gefürchtetsten Meeresräuber. Er hat einen grauen spindelförmigen Körper mit weißem Bauch und mächtiger Schwanzflosse und erreicht eine Geschwindigkeit von mehr als 40 km/h. Er kann vollständig aus dem Wasser springen und so Robben angreifen, die an der Oberfläche schwimmen.

Ungewöhnliche Freundschaften

Große Gruppen von Fischen derselben Art, die sich zusammentun, um zum Beispiel gemeinsam zu jagen, nennt man Schwärme.

FISCHSCHWÄRME

Ein Schwarm ist eine Menge von Fischen einer Art, die auf abgestimmte Weise in dieselbe Richtung schwimmt. In großen Gruppen zu leben bietet verschiedene Vorteile: energiesparende Fortbewegung, leichtere Beschaffung von Nahrung oder eines Partners und Schutz vor Räubern. Indem sie in dieselbe Richtung schwimmen, erzeugen die Fische eine Strömung, in der jedes Mitglied des Schwarms Energie spart.

In der Gruppe zu schwimmen ist auch sicherer. Als großer Schwarm bewegen sich die Fische sehr schnell und verwirren die Räuber, die sich nicht entscheiden können, welchen Fisch sie angreifen sollen. Auch kann ein Fischschwarm aus so vielen Individuen bestehen, dass er für ein großes Tier gehalten werden kann.

1. Barrakuda
2. Riesenmanta
3. Sardine

ROCHEN

Teufelsrochen versammeln sich zu Schwärmen von Hunderten oder sogar Tausenden Tieren. Sobald sie einen Meeresabschnitt, der reich an Plankton ist, entdecken, treffen sie sich dort zu einem genüsslichen Festmahl. Wer Glück hat, kann einzelne Exemplare dabei beobachten, wie sie große Sprünge aus dem Wasser machen.

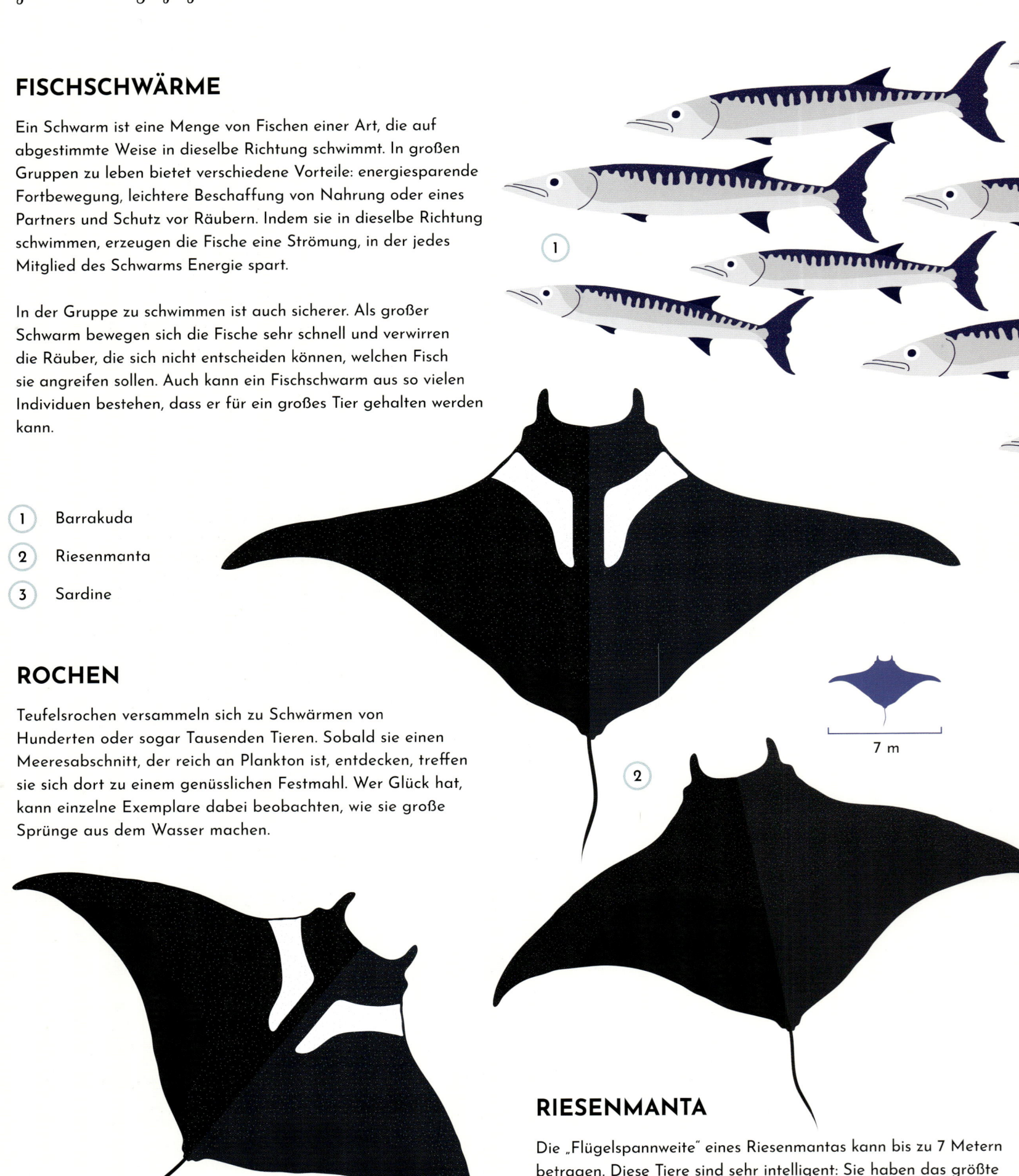

7 m

RIESENMANTA

Die „Flügelspannweite" eines Riesenmantas kann bis zu 7 Metern betragen. Diese Tiere sind sehr intelligent: Sie haben das größte Gehirn aller Fische (im Verhältnis zum Körper). Sie schwimmen gern im offenen Meer und bevorzugen warme tropische und subtropische Gewässer.

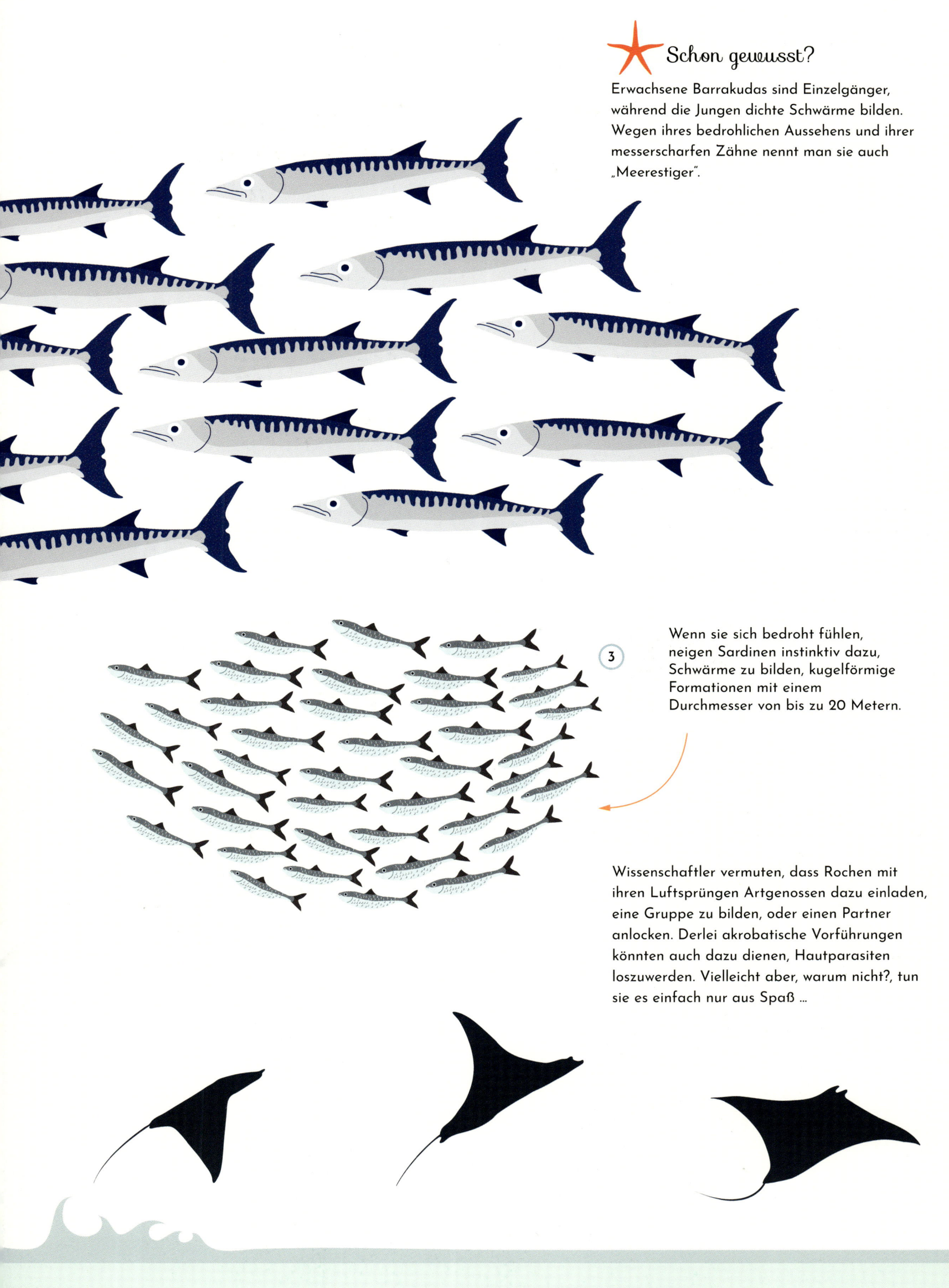

Schon gewusst?

Erwachsene Barrakudas sind Einzelgänger, während die Jungen dichte Schwärme bilden. Wegen ihres bedrohlichen Aussehens und ihrer messerscharfen Zähne nennt man sie auch „Meerestiger".

Wenn sie sich bedroht fühlen, neigen Sardinen instinktiv dazu, Schwärme zu bilden, kugelförmige Formationen mit einem Durchmesser von bis zu 20 Metern.

Wissenschaftler vermuten, dass Rochen mit ihren Luftsprüngen Artgenossen dazu einladen, eine Gruppe zu bilden, oder einen Partner anlocken. Derlei akrobatische Vorführungen könnten auch dazu dienen, Hautparasiten loszuwerden. Vielleicht aber, warum nicht?, tun sie es einfach nur aus Spaß ...

MUTUALISTISCHE SYMBIOSE

Fische sind viel geselliger, als man vermutet. Sie erkennen ihre Artgenossen und genießen deren Gesellschaft. Auch knüpfen sie dauerhafte Bande mit Vertretern anderer Arten. Eine mutualistische Symbiose ist eine Beziehung zwischen Individuen verschiedener Arten, die sich für bestimmte Zeit zusammentun, um gegenseitig davon zu profitieren. An den sogenannten „Putzstationen" der Korallenriffe lassen sich hervorragend Beispiele für eine mutualistische Symbiose beobachten.

PUTZSTATIONEN

Wenn sie das Bedürfnis nach einer gründlichen Reinigung haben, begeben sich Meereswesen wie Zackenbarsche, Schildkröten, Haie und Rochen zu einer der Putzstationen auf dem Korallenriff. Dort bieten Putzerfische (z.B. Putzerlippfische und Doktorfische) und kleine Garnelen ihre Dienste an: Sie entfernen abgestorbene oder die kranken Hautzellen einer Wunde, Parasiten, Algen und Schleim von Körper und Maul ihrer „Kunden". Damit fördern sie den Heilungsprozess und verhindern Infektionen. Der „Kunde" wird gesund gepflegt und erhält eine ästhetische Behandlung. Im Gegenzug erhalten die Putzer eine Gratismahlzeit.

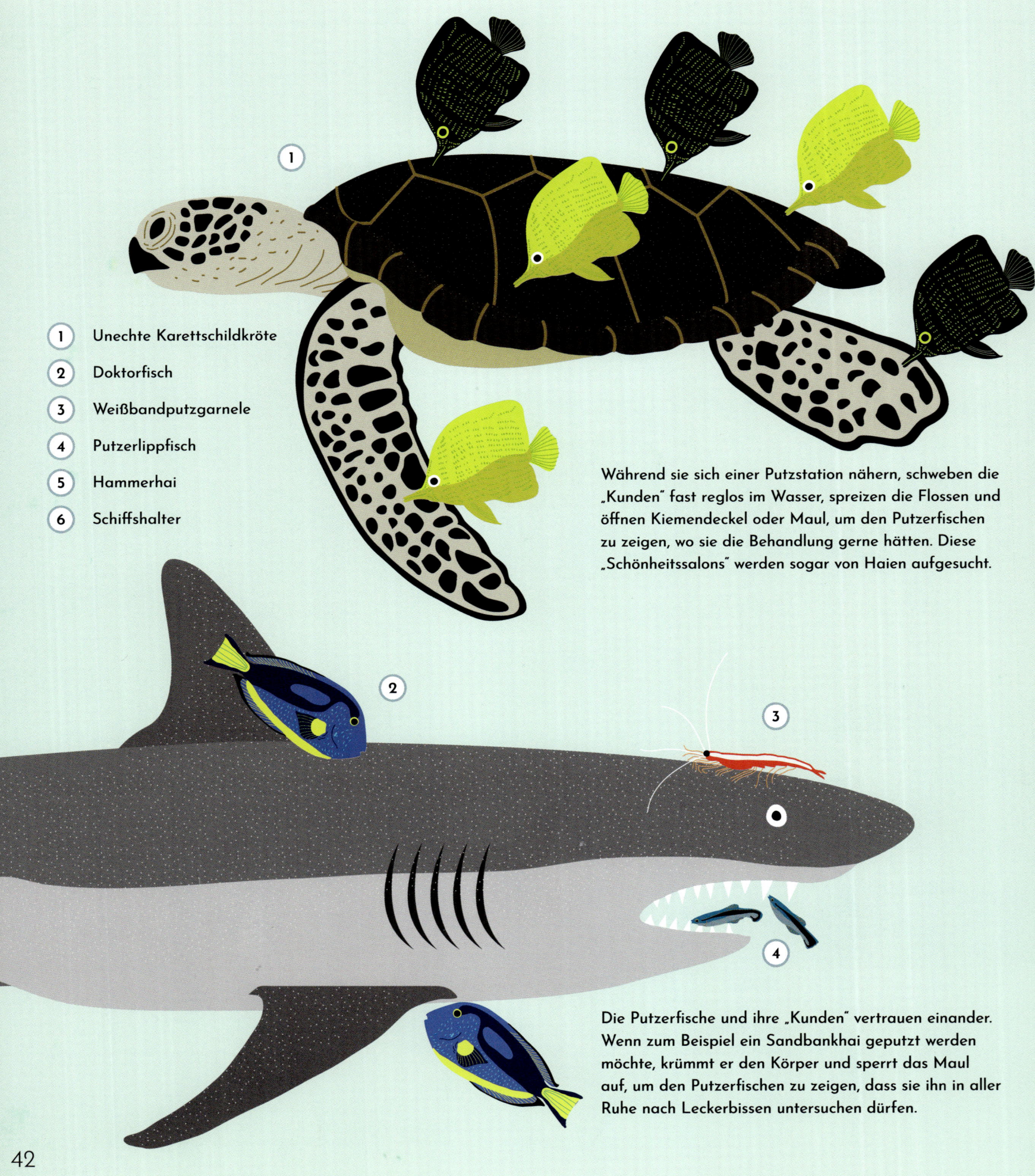

1. Unechte Karettschildkröte
2. Doktorfisch
3. Weißbandputzgarnele
4. Putzerlippfisch
5. Hammerhai
6. Schiffshalter

Während sie sich einer Putzstation nähern, schweben die „Kunden" fast reglos im Wasser, spreizen die Flossen und öffnen Kiemendeckel oder Maul, um den Putzerfischen zu zeigen, wo sie die Behandlung gerne hätten. Diese „Schönheitssalons" werden sogar von Haien aufgesucht.

Die Putzerfische und ihre „Kunden" vertrauen einander. Wenn zum Beispiel ein Sandbankhai geputzt werden möchte, krümmt er den Körper und sperrt das Maul auf, um den Putzerfischen zu zeigen, dass sie ihn in aller Ruhe nach Leckerbissen untersuchen dürfen.

Viele „Kunden" begeben sich mehrmals am Tag zu den Putzstationen. Die Putzerfische erkennen sie wieder und erinnern sich sogar, wann sie sie zuletzt „behandelt" haben.

Schon gewusst?

Einige Putzerfischarten sind auf die Säuberung gewisser Körperteile spezialisiert: Einige putzen die Kiemen, andere konzentrieren sich auf das Maul, den Rücken oder die Flossen.

MEERESTRAMPER

Ist dir schon mal aufgefallen, dass an Haien oft kleine Fische haften? Das sind nicht etwa ihre Jungen, sondern Schiffshalter. Diese bis zu 70 Zentimeter langen Fische haben eine Saugplatte am Kopf, mit der sie sich an den Bauch des Haies heften. Und so lassen sie sich überallhin mitnehmen. Im Austausch für Essensreste und die Gratismitnahme säubern sie den Haien Haut und Maul. Schiffshalter heften sich auch an Rochen, Wale und manchmal sogar an Taucher!

GEMEINSAM JAGEN

Meerestiere bilden bisweilen merkwürdige Paare und manche arbeiten auch außerhalb der Putzstationen zusammen: Die Muräne z.B. hält sich tagsüber in den Klüften von Korallenriffen auf und streckt nur den Kopf hinaus. Nur nachts kommt sie hervor, um zu jagen ... es sei denn, sie sieht ihren besten Freund, den Juwelen-Zackenbarsch vorbeischwimmen!

Dieser wackelt mit dem Körper, um der Muräne zu signalisieren, dass er Hilfe braucht: Und sofort beginnen sie zusammen zu jagen. Sie helfen einander, die Fische in schwer erreichbaren Spalten zu erwischen: Der Juwelen-Zackenbarsch weiß bereits, wo sie zu finden sind, und zeigt der Muräne mit einer Körperbewegung genau die Stelle, wo sie sich verstecken. Perfektes Teamwork!

Dank ihres aalartigen Körpers kann die Muräne die Beute in den Spalten aufspüren, während der Juwelen-Zackenbarsch ihr den Fluchtweg versperrt. So sichern sich die beiden eine leckere Mahlzeit.

EIN GANZ BESONDERES HAUS

Die Seeanemonen haben mächtige stechende Tentakeln, die für die meisten Tiere giftig sind, nicht jedoch für die Clownfische. Diese kleinen Fische sind durch einen Schleimfilm geschützt, der sie immun gegen die Stiche der Seeanemonen macht.

Clownfische können bis zu 10 Zentimeter lang und im Schnitt zwischen 6 und 10 Jahre alt werden.

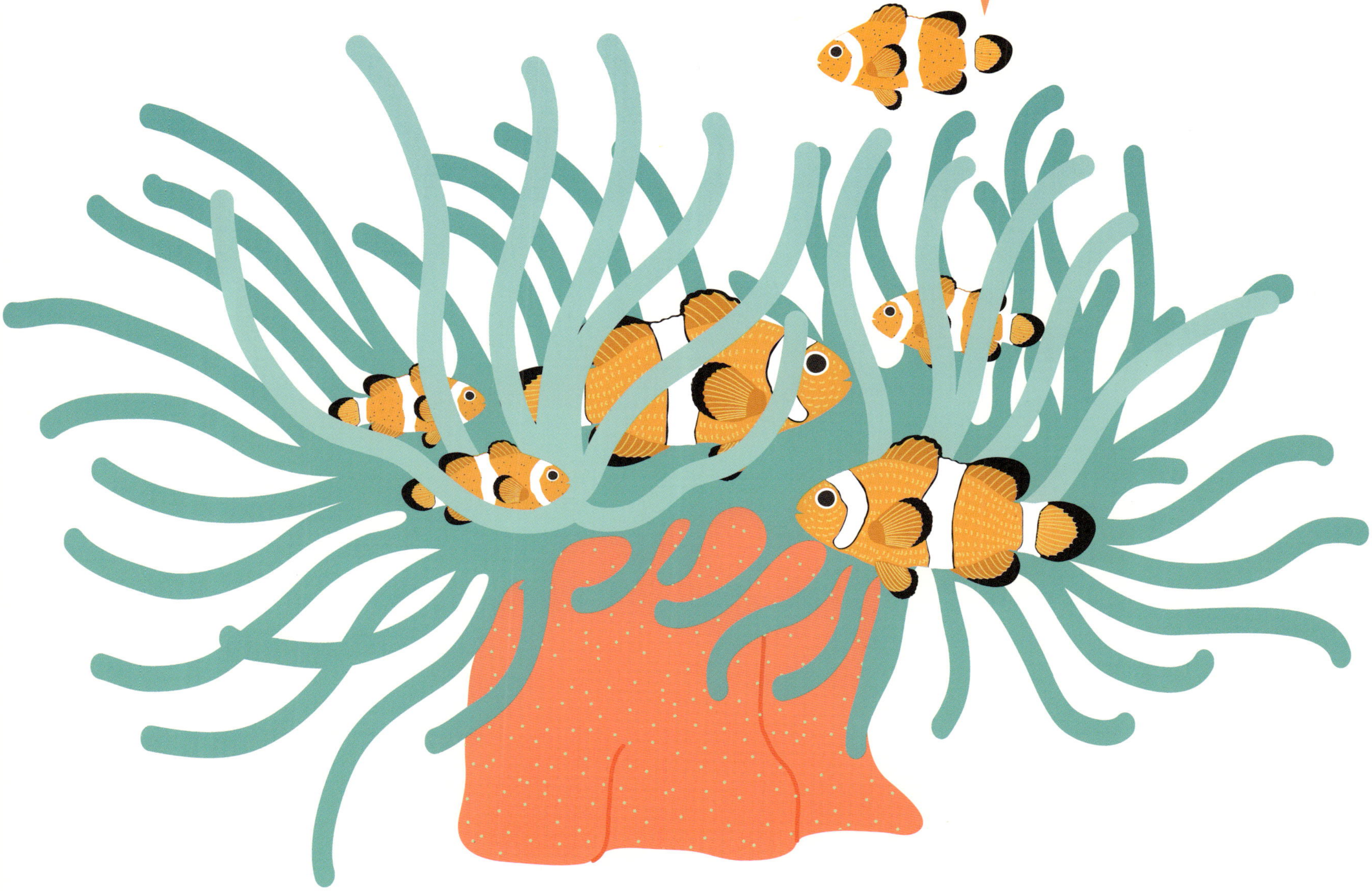

Die Clownfische leben in den Seeanemonen, die ihnen einen sicheren Ort zum Ablegen ihrer Eier bieten. Außerdem überlassen die Seeanemonen den Fischen Nahrungsreste und erlauben ihnen, sich von ihren Parasiten zu ernähren, während sie sich von ihnen reinigen lassen. Im Gegenzug beschützen die Clownfische die Seeanemonen vor Räubern und locken mit ihrem knalligen Orange und den weißen Streifen die appetitlichsten Beutefische an.

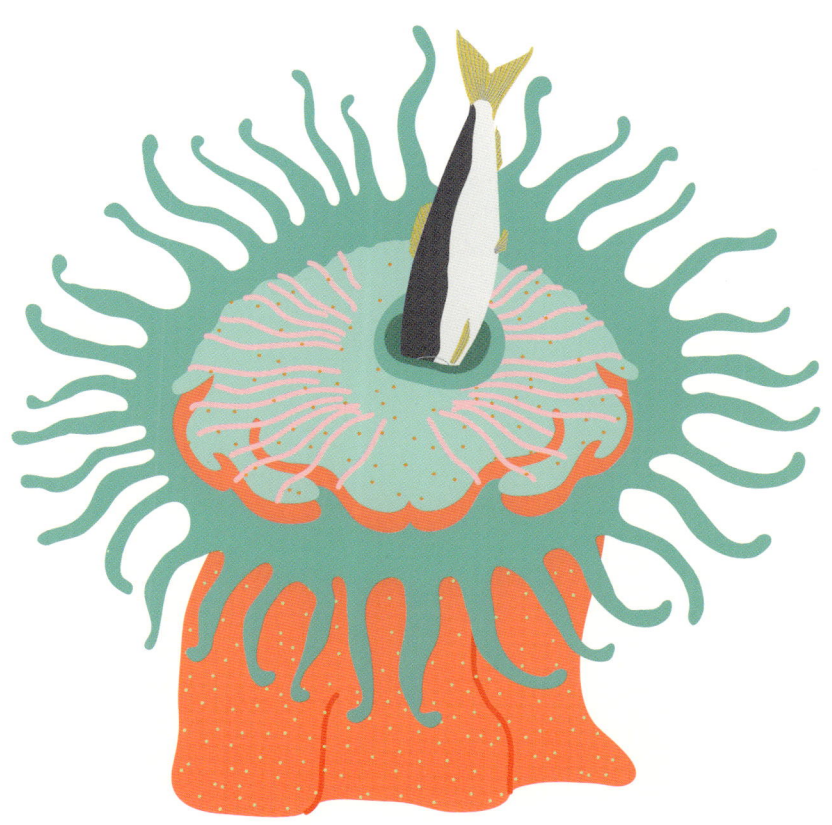

Schon gewusst?

Seeanemonen verdanken ihren Namen ihren Tentakeln, die sie anmutig bewegen, und ihrer Farbenpracht. Aber es handelt sich bei ihnen keineswegs um Pflanzen: Sie sind Fleischfresser und ernähren sich von Fischen, Garnelen und Quallen.

Fischweibchen, Fischmännchen

Zahlreiche Fische zeichnen sich durch ein grelles Farbkleid aus, mit dem sie auch inmitten eines Korallenriffs auffallen und so einen Partner anlocken können, um sich fortzupflanzen.

SICH ANSTRENGEN MÜSSEN

Einige Arten müssen sich mehr anstrengen, um aufzufallen, etwa die Kugelfischmännchen vor der Küste Japans. Der gerade einmal 12 Zentimeter lange Fisch streift über den sandigen Meeresgrund, zieht mit der Flosse Furchen und schafft ein kreisförmiges Gebilde von etwa zwei Metern Durchmesser. Zum Schluss sammelt er Muscheln ein, um sein Meisterwerk zu schmücken. Dafür benötigt er mehrere Tage. Der Zweck dieses Bauwerks ist es, rechtzeitig ein Weibchen anzulocken. Mit ein bisschen Glück legt das Weibchen seine Eier in die Furchen, damit sie dort vor der Strömung geschützt sind, und entfernt sich dann. Das Männchen bleibt hingegen bis zum Ausschlüpfen der Jungen in der Nähe der Eier.

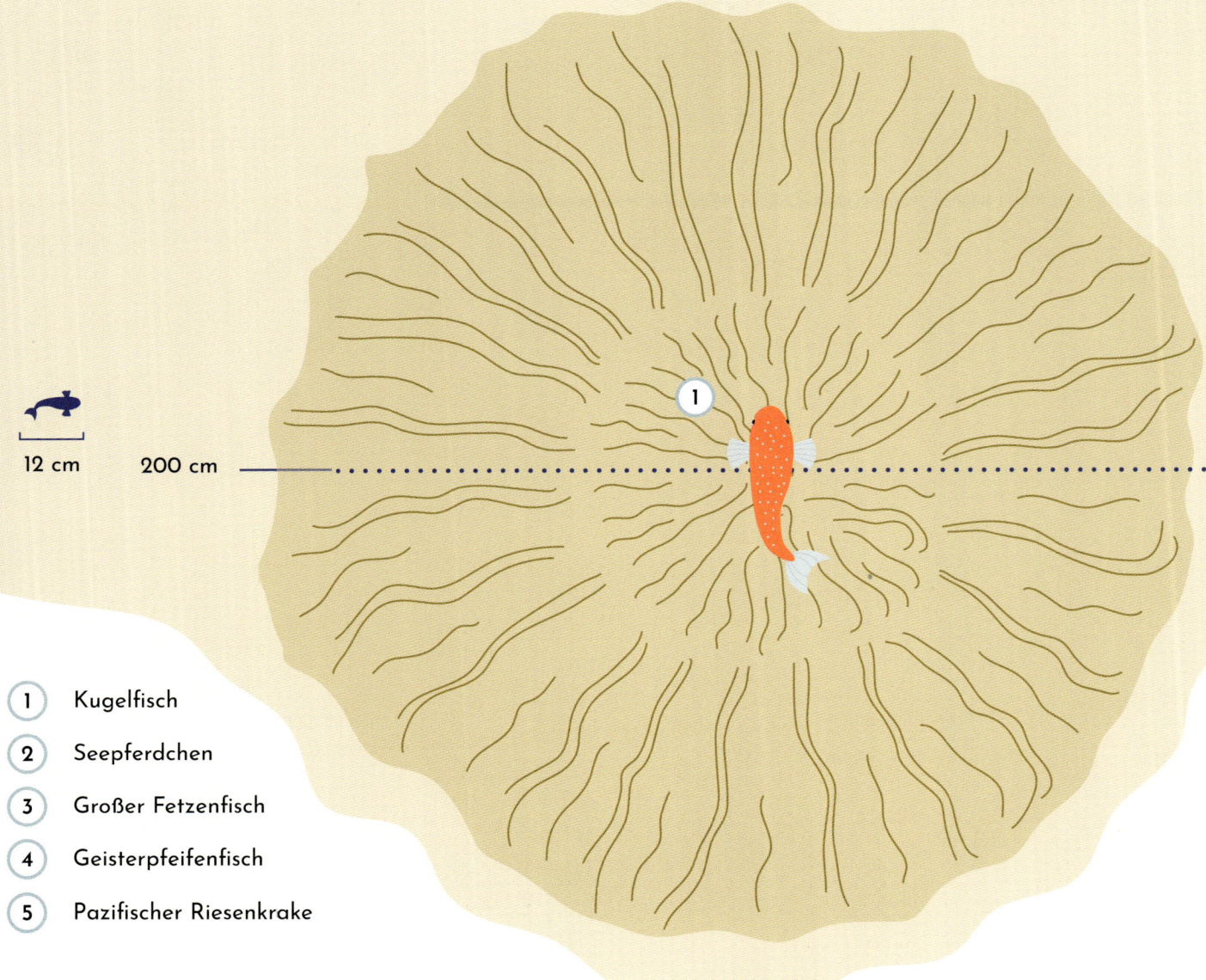

12 cm   200 cm

1   Kugelfisch

2   Seepferdchen

3   Großer Fetzenfisch

4   Geisterpfeifenfisch

5   Pazifischer Riesenkrake

WECHSEL DES GESCHLECHTS

Ein Fischweibchen von einem Fischmännchen zu unterscheiden ist nicht einfach. Clownfische, Muränen, Juwelen-Zackenbarsche und andere Fischarten können ihr Geschlecht wechseln - das heißt, nicht nur ihre Fortpflanzungsorgane ändern sich, sondern auch Farbe und Größe -, um ihre Fortpflanzungschance zu erhöhen. Die Clownfische leben in Gruppen aus einem Pärchen und mehreren Jungfischen. Der größte Fisch ist das Weibchen, alle anderen sind Männchen oder Junge. Wenn das Weibchen stirbt, wechselt das Alphatier sein Geschlecht, tritt an die Stelle des Weibchens und bildet mit dem größten Männchen der Gruppe ein neues Paar.

Die weiblichen Juwelen-Zackenbarsche können hingegen zu Männchen werden, sobald sie ausgewachsen sind.

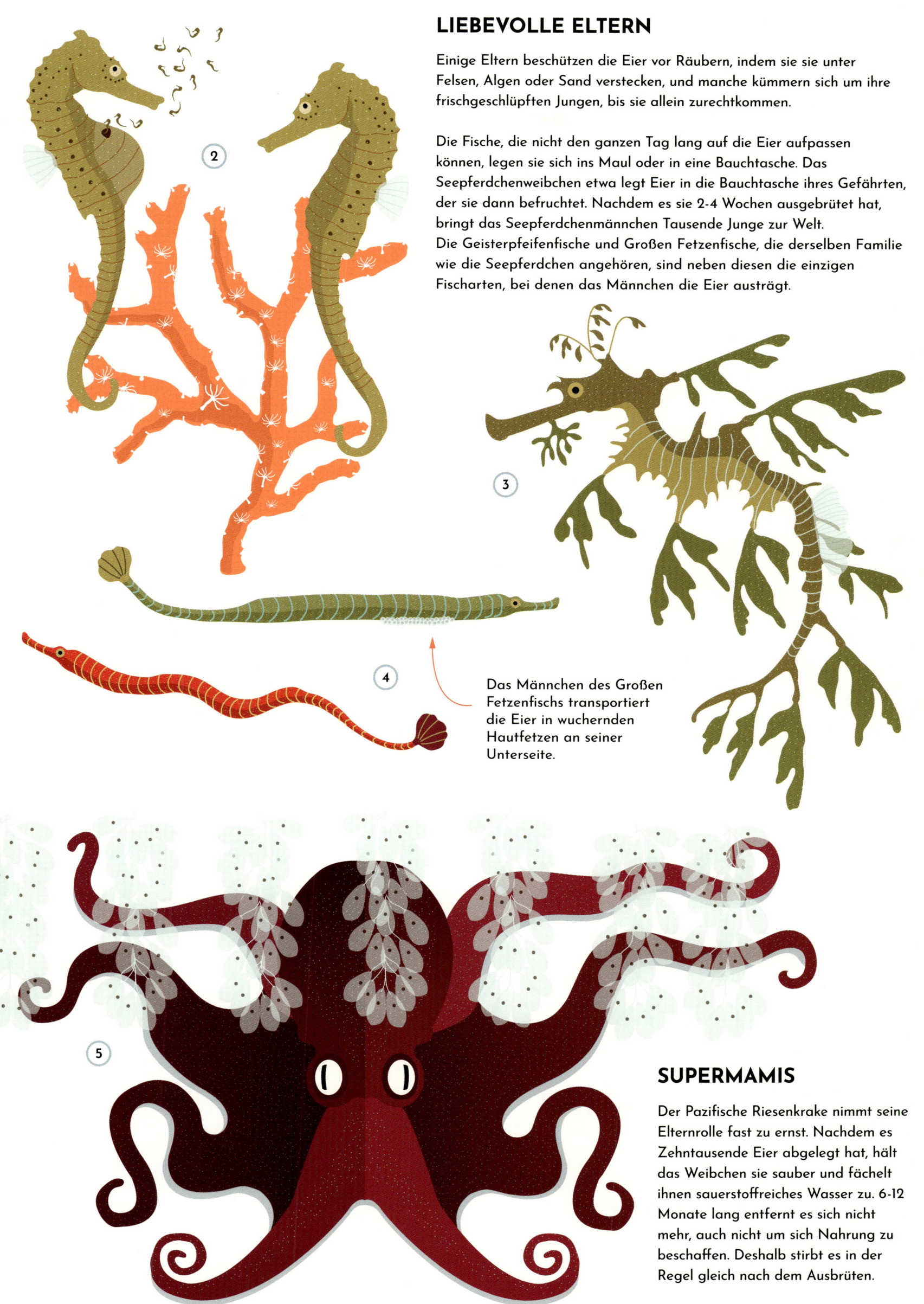

LIEBEVOLLE ELTERN

Einige Eltern beschützen die Eier vor Räubern, indem sie sie unter Felsen, Algen oder Sand verstecken, und manche kümmern sich um ihre frischgeschlüpften Jungen, bis sie allein zurechtkommen.

Die Fische, die nicht den ganzen Tag lang auf die Eier aufpassen können, legen sie sich ins Maul oder in eine Bauchtasche. Das Seepferdchenweibchen etwa legt Eier in die Bauchtasche ihres Gefährten, der sie dann befruchtet. Nachdem es sie 2-4 Wochen ausgebrütet hat, bringt das Seepferdchenmännchen Tausende Junge zur Welt. Die Geisterpfeifenfische und Großen Fetzenfische, die derselben Familie wie die Seepferdchen angehören, sind neben diesen die einzigen Fischarten, bei denen das Männchen die Eier austrägt.

Das Männchen des Großen Fetzenfischs transportiert die Eier in wuchernden Hautfetzen an seiner Unterseite.

SUPERMAMIS

Der Pazifische Riesenkrake nimmt seine Elternrolle fast zu ernst. Nachdem es Zehntausende Eier abgelegt hat, hält das Weibchen sie sauber und fächelt ihnen sauerstoffreiches Wasser zu. 6-12 Monate lang entfernt es sich nicht mehr, auch nicht um sich Nahrung zu beschaffen. Deshalb stirbt es in der Regel gleich nach dem Ausbrüten.

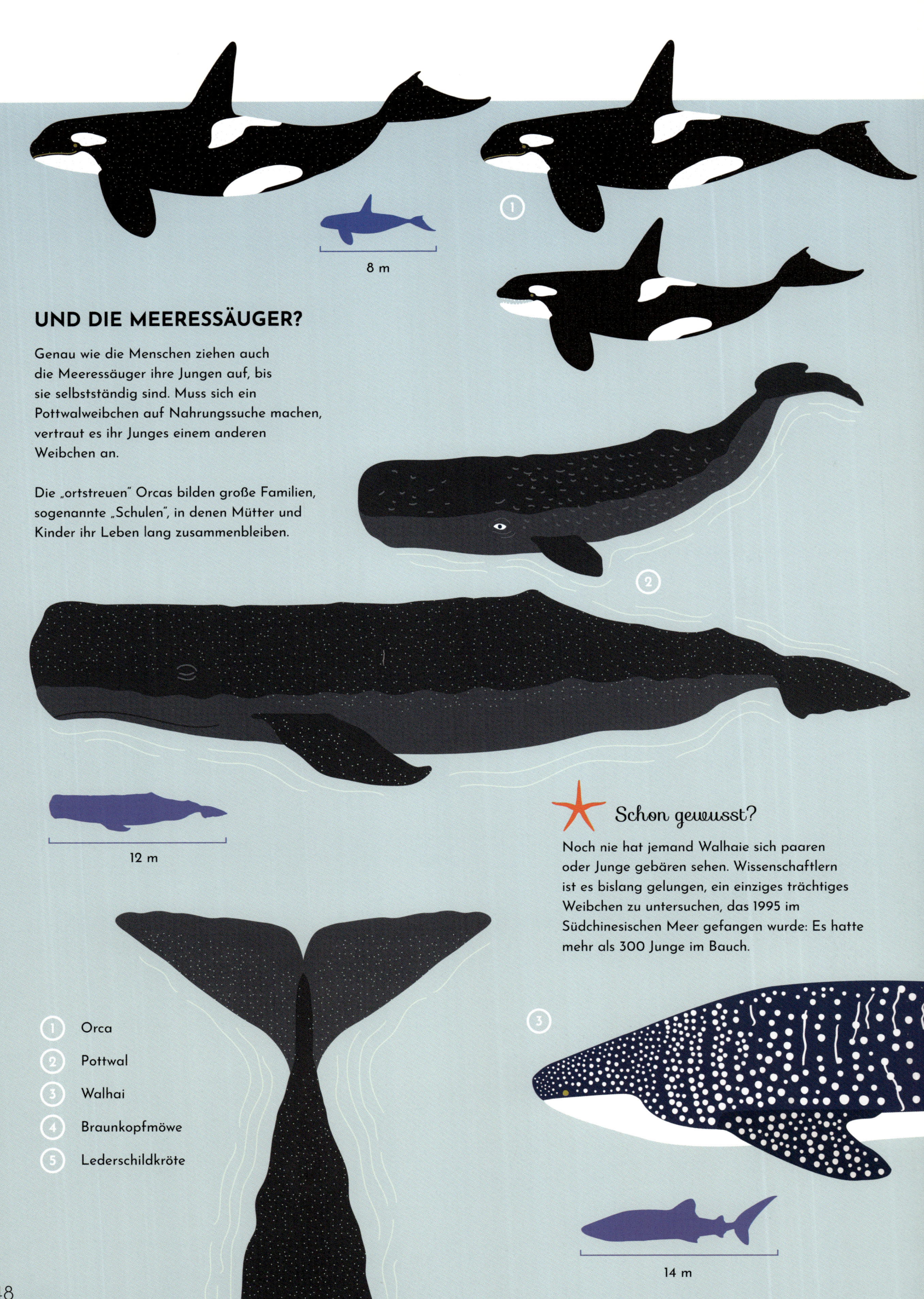

UND DIE MEERESSÄUGER?

Genau wie die Menschen ziehen auch die Meeressäuger ihre Jungen auf, bis sie selbstständig sind. Muss sich ein Pottwalweibchen auf Nahrungssuche machen, vertraut es ihr Junges einem anderen Weibchen an.

Die „ortstreuen" Orcas bilden große Familien, sogenannte „Schulen", in denen Mütter und Kinder ihr Leben lang zusammenbleiben.

8 m

12 m

⭐ Schon gewusst?

Noch nie hat jemand Walhaie sich paaren oder Junge gebären sehen. Wissenschaftlern ist es bislang gelungen, ein einziges trächtiges Weibchen zu untersuchen, das 1995 im Südchinesischen Meer gefangen wurde: Es hatte mehr als 300 Junge im Bauch.

① Orca

② Pottwal

③ Walhai

④ Braunkopfmöwe

⑤ Lederschildkröte

14 m

④

0,86-1 m

Schon gewusst?

Die Lederschildkröten kehren an denselben Strand zurück, wo sie geboren wurden, um ihre Eier abzulegen. Um sich zu orientieren und den genauen Ort wiederzufinden, nutzen diese Reptilien nicht nur das Erdmagnetfeld, sondern auch ihren hochentwickelten Geruchssinn.

⑤

2,2 m

Im Unterschied zu anderen Meeresschildkrötenarten haben die Lederschildkröten keinen Knochenpanzer, sondern ein Schild aus vielen Knochenplatten, überzogen von einer ledrigen Haut.

Frischgeborene Walhaie sind circa 60 Zentimeter lang.

Laute ausstoßen

Meerestiere, die in der Nähe der Wasseroberfläche schwimmen, sehen sehr gut. Doch für jene, die sich in größerer Tiefe aufhalten oder gar in der Tiefsee, wo nur wenig Licht eindringt, sind Laute extrem wichtig. Im Wasser breitet sich der Schall fünf Mal schneller aus als in der Luft, sodass sich die Tiere auch über große Entfernungen verständigen können.

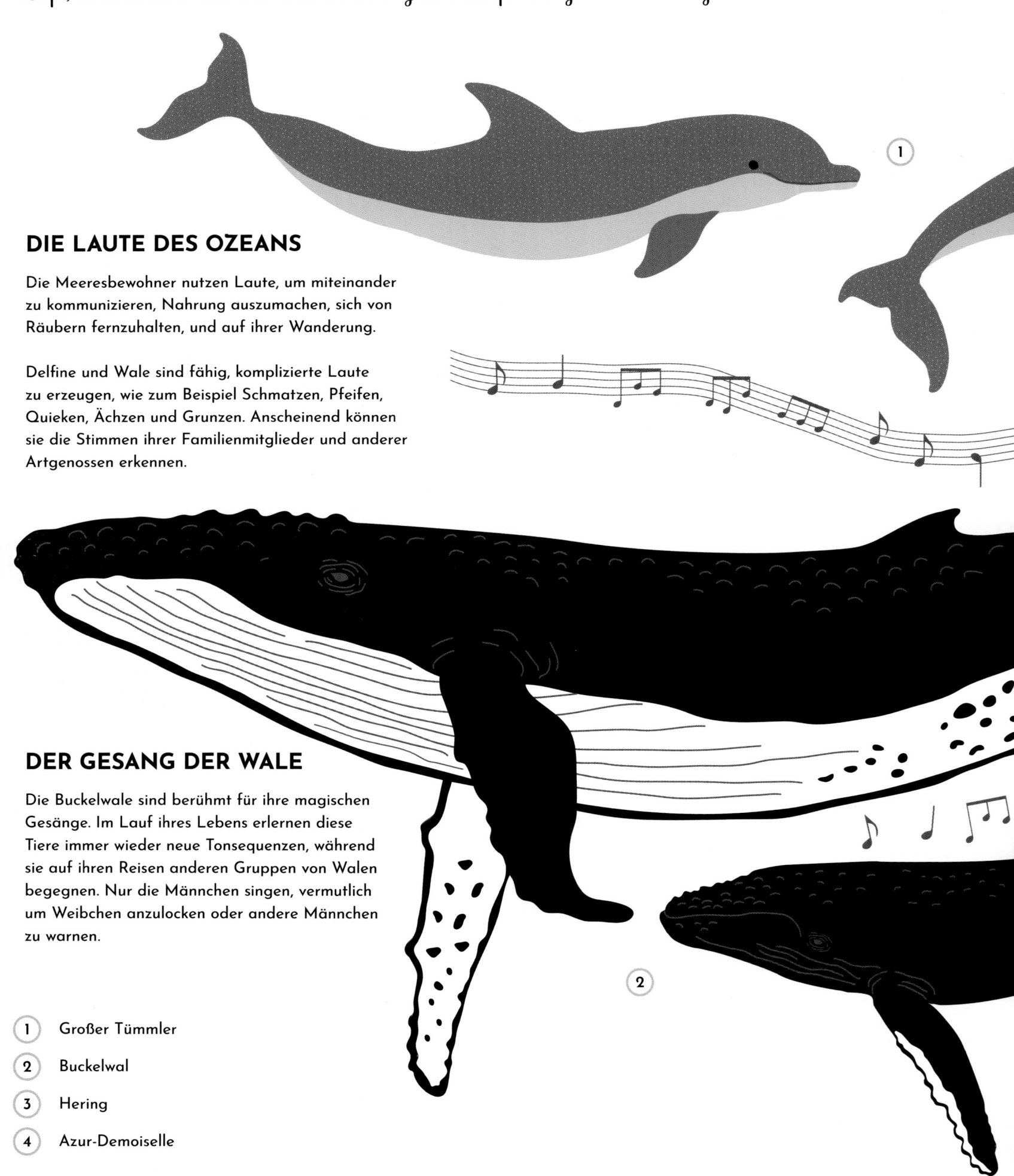

DIE LAUTE DES OZEANS

Die Meeresbewohner nutzen Laute, um miteinander zu kommunizieren, Nahrung auszumachen, sich von Räubern fernzuhalten, und auf ihrer Wanderung.

Delfine und Wale sind fähig, komplizierte Laute zu erzeugen, wie zum Beispiel Schmatzen, Pfeifen, Quieken, Ächzen und Grunzen. Anscheinend können sie die Stimmen ihrer Familienmitglieder und anderer Artgenossen erkennen.

DER GESANG DER WALE

Die Buckelwale sind berühmt für ihre magischen Gesänge. Im Lauf ihres Lebens erlernen diese Tiere immer wieder neue Tonsequenzen, während sie auf ihren Reisen anderen Gruppen von Walen begegnen. Nur die Männchen singen, vermutlich um Weibchen anzulocken oder andere Männchen zu warnen.

1. Großer Tümmler
2. Buckelwal
3. Hering
4. Azur-Demoiselle

Delfine nutzen genau wie Fledermäuse zum Jagen die Echo-Ortung. Sie stoßen einen Ton aus und lauschen dem Echo, das vom Körper einer möglichen Beute zurückgeworfen wird. Anhand des zeitlichen Abstands, in dem es erfolgt, können die Delfine die Entfernung der Beute abschätzen.

Ein ausgestoßener Ton wird von der Beute als Echo zurückgeworfen.

4

3

Die meisten stellen sich das Meer als ruhigen Ort vor, aber in Wirklichkeit ist es ziemlich laut. Einige Korallenfische, wie zum Beispiel die Azur-Demoiselle, geben rhythmische Laute wie Schmatzen oder Zwitschern von sich, um ihr Revier zu verteidigen; andere knirschen oder dehnen geräuschvoll die Muskeln. Heringe wiederum erzeugen mit ihrem Darmtrakt und Anus pulsierende Töne.

Tarnkünstler

Um sich vor Räubern zu schützen, haben sich einige Fische findige Verteidigungsstrategien zugelegt. Schwämme und einige Korallen sind mit Stacheln und nesselnden Tentakeln ausgestattet, Seesterne und Seeigel sind mit Stacheln bedeckt. Andere Fische wiederum müssen auf kreativere Lösungen zurückgreifen.

Wenn sich ein Lebewesen tarnt, heißt das, es kann eine Gestalt oder Farbe annehmen, die es optisch mit der Umgebung verschmelzen oder wie ein anderes Tier aussehen lässt. Das nennt man Mimese. Plattfische zum Beispiel tarnen sich, indem sie je nach Farbton des Meeresgrunds mal heller oder dunkler werden.

Andere Fische tarnen sich als Algen, Pflanzen oder Korallen: etwa Geisterpfeifenfische, die zwischen den Algen kaum sichtbar sind, oder junge Spitzkopf-Fledermausfische, die wie Blätter reglos auf dem Wasser verharren.

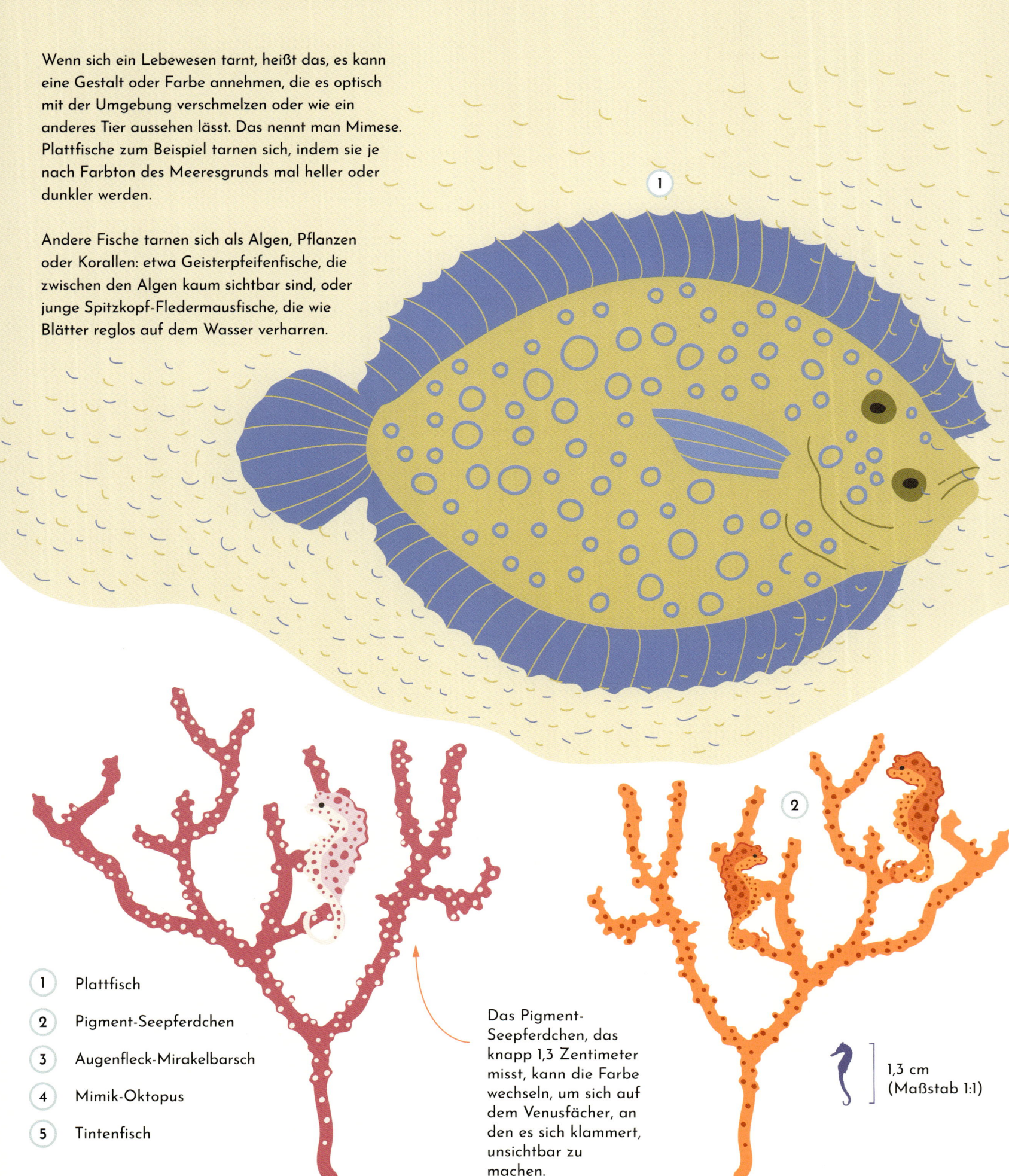

1. Plattfisch
2. Pigment-Seepferdchen
3. Augenfleck-Mirakelbarsch
4. Mimik-Oktopus
5. Tintenfisch

Das Pigment-Seepferdchen, das knapp 1,3 Zentimeter misst, kann die Farbe wechseln, um sich auf dem Venusfächer, an den es sich klammert, unsichtbar zu machen.

1,3 cm
(Maßstab 1:1)

ALS RÄUBER GETARNT

Fische können Farbe und Bewegungen eines bedrohlich aussehenden, giftigen oder mit Stacheln bedeckten Meerestiers nachahmen. Bei drohender Gefahr lässt sich der Augenfleck-Mirakelbarsch schnell in ein Loch oder eine Kluft sinken und streckt nur das Hinterteil heraus.

Sein brauner Rücken, der mit weißen Punkten und einem großen Scheinauge am Flossenansatz bedeckt ist, lässt ihn wie eine Muräne aussehen, die aus ihrer Höhle herauslugt. Andere Fische tarnen sich als Putzerfische, die wegen ihrer wichtigen Funktion normalerweise nicht gefressen werden.

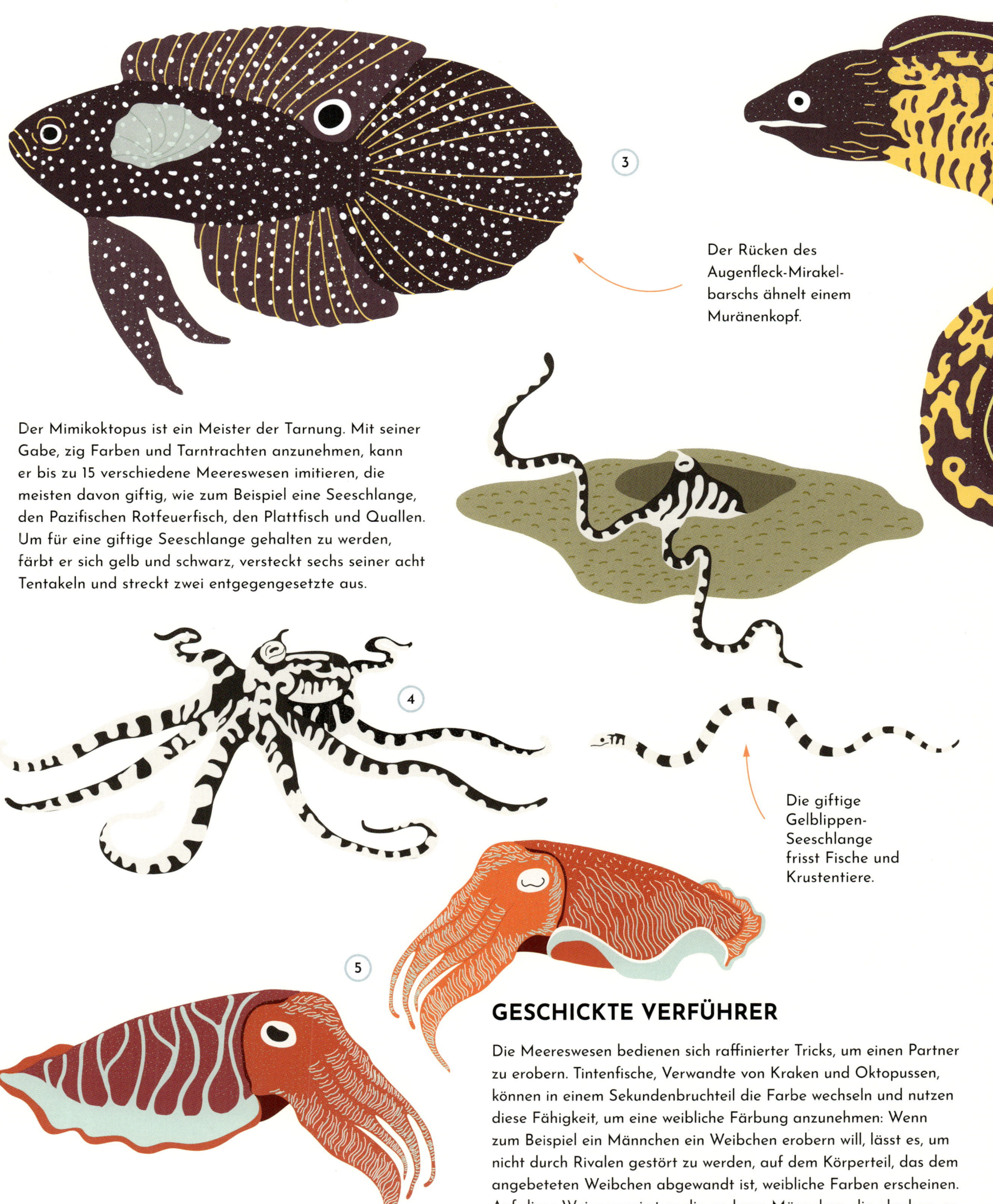

Der Rücken des Augenfleck-Mirakelbarschs ähnelt einem Muränenkopf.

Der Mimikoktopus ist ein Meister der Tarnung. Mit seiner Gabe, zig Farben und Tarntrachten anzunehmen, kann er bis zu 15 verschiedene Meereswesen imitieren, die meisten davon giftig, wie zum Beispiel eine Seeschlange, den Pazifischen Rotfeuerfisch, den Plattfisch und Quallen. Um für eine giftige Seeschlange gehalten zu werden, färbt er sich gelb und schwarz, versteckt sechs seiner acht Tentakeln und streckt zwei entgegengesetzte aus.

Die giftige Gelblippen-Seeschlange frisst Fische und Krustentiere.

GESCHICKTE VERFÜHRER

Die Meereswesen bedienen sich raffinierter Tricks, um einen Partner zu erobern. Tintenfische, Verwandte von Kraken und Oktopussen, können in einem Sekundenbruchteil die Farbe wechseln und nutzen diese Fähigkeit, um eine weibliche Färbung anzunehmen: Wenn zum Beispiel ein Männchen ein Weibchen erobern will, lässt es, um nicht durch Rivalen gestört zu werden, auf dem Körperteil, das dem angebeteten Weibchen abgewandt ist, weibliche Farben erscheinen. Auf diese Weise verwirrt es die anderen Männchen, die glauben, es handele sich um zwei Individuen desselben Geschlechts.

Vagabunden des Ozeans

Der Großteil des im Meer stattfindenden Lebens konzentriert sich in den nährstoffreichen flacheren Gebieten, wo es ausreichend Nahrung gibt. Um diese Zonen zu erreichen, legen manche Tiere unglaubliche Strecken zurück.

Manche Meerestiere durchqueren sogar den ganzen Ozean, um sich Nahrung zu sichern und geschützte Brutstätten zu finden, wo sie sich paaren, ihre Eier ablegen und die Jungen aufziehen können.

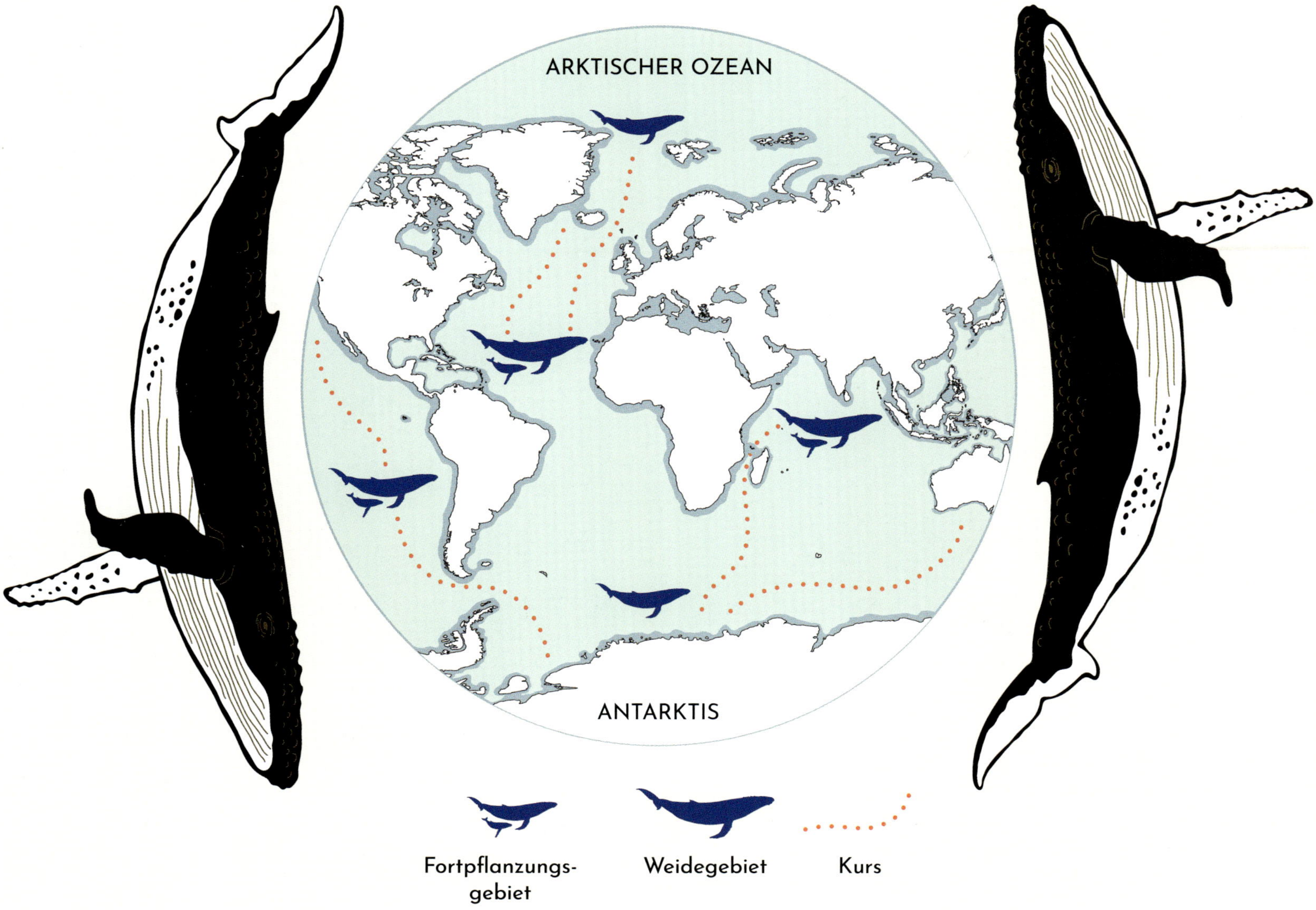

ARKTISCHER OZEAN

ANTARKTIS

Fortpflanzungs-
gebiet

Weidegebiet

Kurs

DIE REISE DER WALE

Buckelwale verbringen den Sommer im Arktischen Ozean, wo sie Unmengen von Krill fressen und so viel Energie wie möglich tanken, ehe sie in circa 5000 Kilometer entfernte tropische Gewässer wandern, um sich zu paaren und ihre Jungen zu gebären. Denn dort sind ihre Jungen vor Orcas und anderen Räubern sicher.

In den tropischen Gewässern bleiben sie circa sechs Monate und ziehen ihre Jungen auf. Währenddessen fasten und zehren sie von dem im *Blubber* eingelagerten Fett. Erst wenn die Jungen stark genug sind, brechen sie wieder auf in die Arktis.

76 cm

①

STROMAUFWÄRTS WANDERN

Einmal in ihrem Leben unternehmen Lachse eine unglaubliche Reise. Sobald sie aus den im Süßwasser eines Flusses abgelegten Eiern schlüpfen, beginnen sie in Richtung Ozean zu schwimmen, wo sie einen Großteil ihres Lebens verbringen und groß und stark werden Sie können bis zu 10 Kilogramm schwer werden!

Sobald sie paarungsreif sind, wandern Weibchen und Männchen Hunderte Kilometer stromaufwärts, zurück zu ihrem Geburtsort. Nach dem Laichen sterben die meisten Weibchen wie auch Männchen. Nur wenige überleben diese anstrengende Reise und kehren in den Ozean zurück, wo sie sich erholen und von Neuem die Laichwanderung unternehmen.

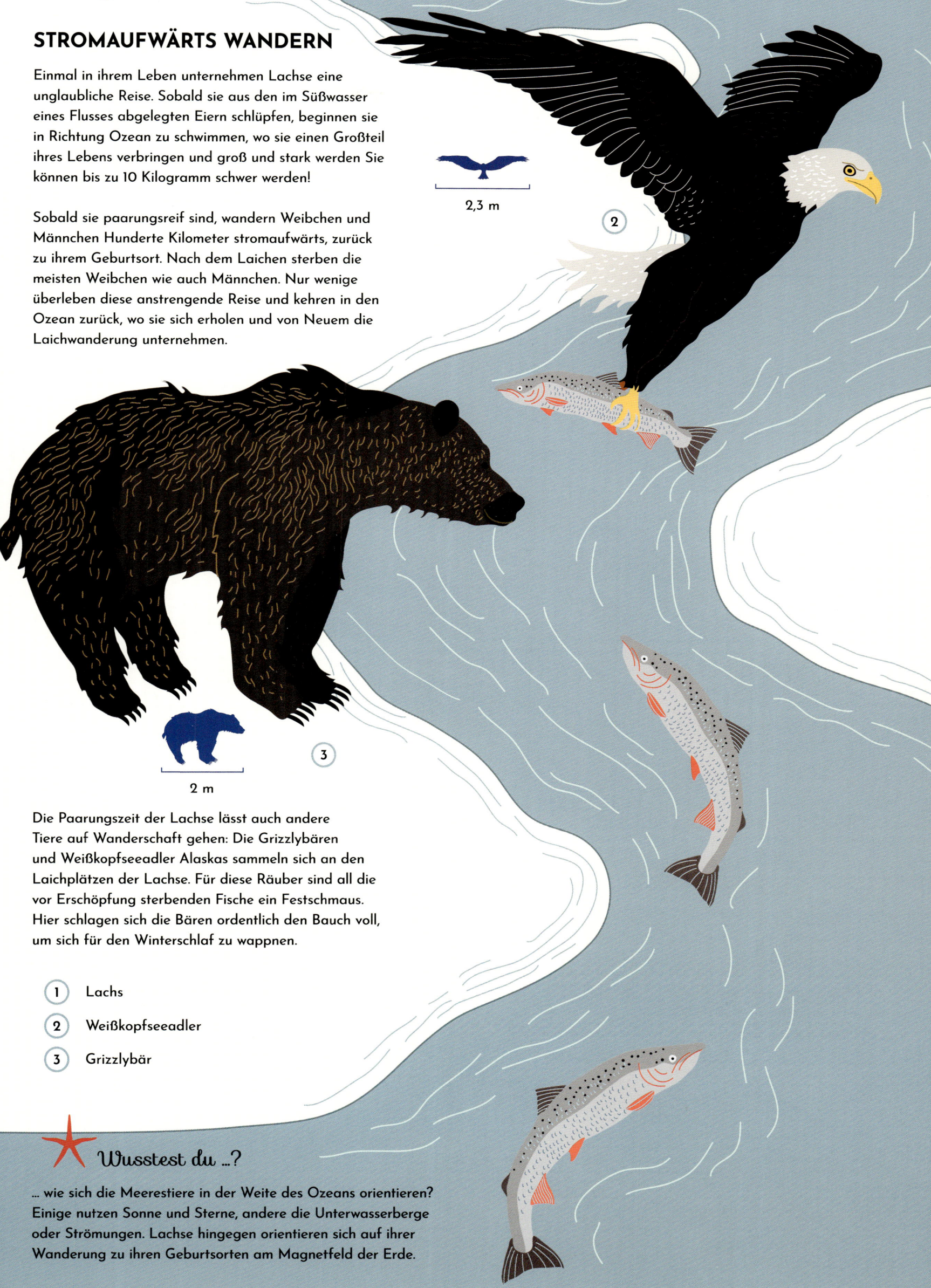

2,3 m

② Weißkopfseeadler

2 m

③ Grizzlybär

Die Paarungszeit der Lachse lässt auch andere Tiere auf Wanderschaft gehen: Die Grizzlybären und Weißkopfseeadler Alaskas sammeln sich an den Laichplätzen der Lachse. Für diese Räuber sind all die vor Erschöpfung sterbenden Fische ein Festschmaus. Hier schlagen sich die Bären ordentlich den Bauch voll, um sich für den Winterschlaf zu wappnen.

① Lachs

② Weißkopfseeadler

③ Grizzlybär

Wusstest du ...?

... wie sich die Meerestiere in der Weite des Ozeans orientieren? Einige nutzen Sonne und Sterne, andere die Unterwasserberge oder Strömungen. Lachse hingegen orientieren sich auf ihrer Wanderung zu ihren Geburtsorten am Magnetfeld der Erde.

Ozean in Gefahr

Lange dachte man, der Ozean könnte uns auf immer und ewig mit Nahrung versorgen und unseren Müll aufnehmen und in seinen unendlichen Weiten zerstreuen. Inzwischen ist es jedoch offensichtlich, dass sich das menschliche Handeln auf alle Gebiete des Ozeans auswirkt und sein biologisches Gleichgewicht gefährlich stört.

SPEISEFISCH

Fische und Weichtiere sind eine wichtige Eiweißquelle, und das Überleben von Milliarden von Menschen auf der ganzen Welt hängt von diesen Nahrungsmitteln ab. Früher war der Ozean von unzähligen Fischen bevölkert, aber inzwischen sind viele Gebiete überfischt. Fische und Weichtiere werden in zu hohen Mengen und in zu kurzen Abständen gefangen, sodass sich ihre Populationen nicht mehr natürlich erneuern können.

 Schon gewusst?

Die Population des roten Thuns ist in nur 50 Jahren um schätzungsweise 96% zurückgegangen, daher steht er inzwischen auf der Liste der vom Aussterben bedrohten Tierarten. Dieser große Fisch, im Schnitt zwei Meter lang und mehr als 200 Kilogramm schwer, wird von Sushi-Liebhabern sehr geschätzt.

JAPAN

Japan ist der größte Konsument von frischem Thunfisch. In den USA und Europa wird hingegen mehr Dosen-Thunfisch verzehrt.

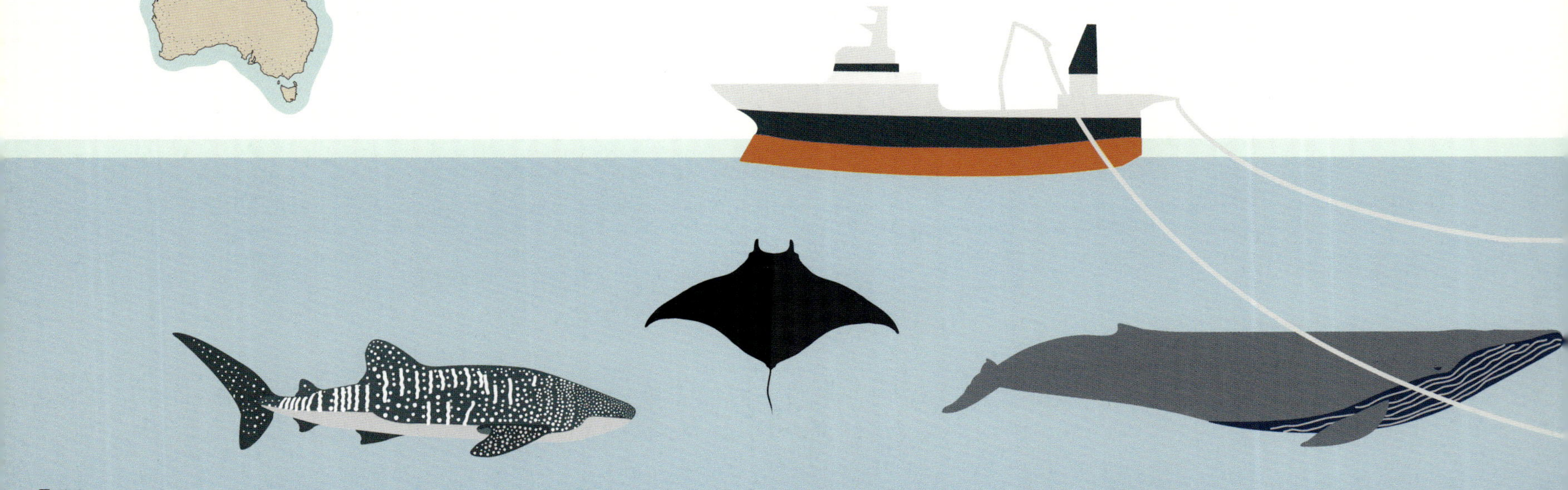

DIE IN DEN USA
MEIST VERZEHRTEN
FISCHPRODUKTE

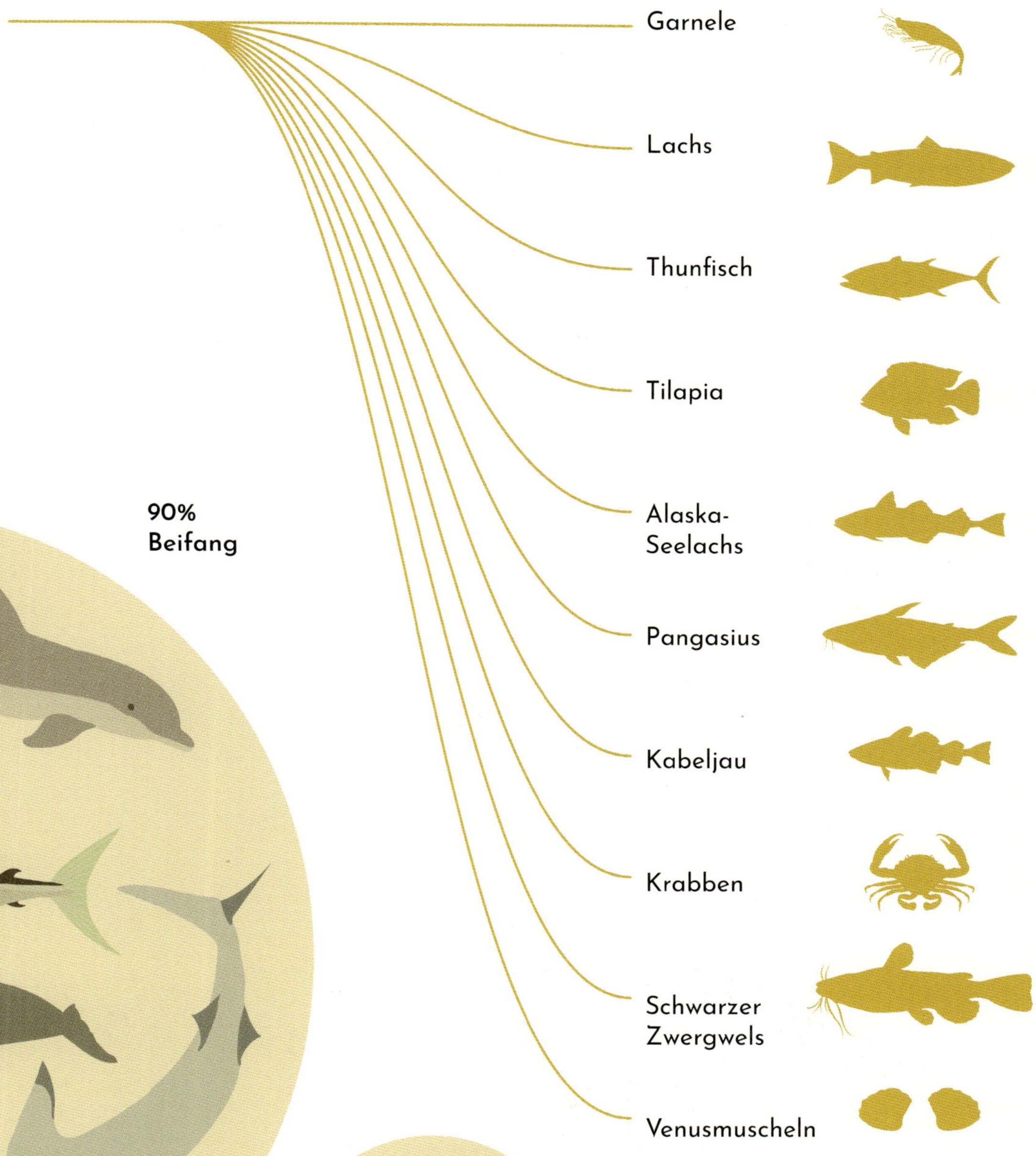

Garnele
Lachs
Thunfisch
Tilapia
Alaska-
Seelachs
Pangasius
Kabeljau
Krabben
Schwarzer
Zwergwels
Venusmuscheln

Bis zu 90% der Fangmenge machen die Fische aus, die ungewollt gefangen und weggeworfen werden (*Beifang*). Das heißt, nur 10% werden tatsächlich verzehrt.

90%
Beifang

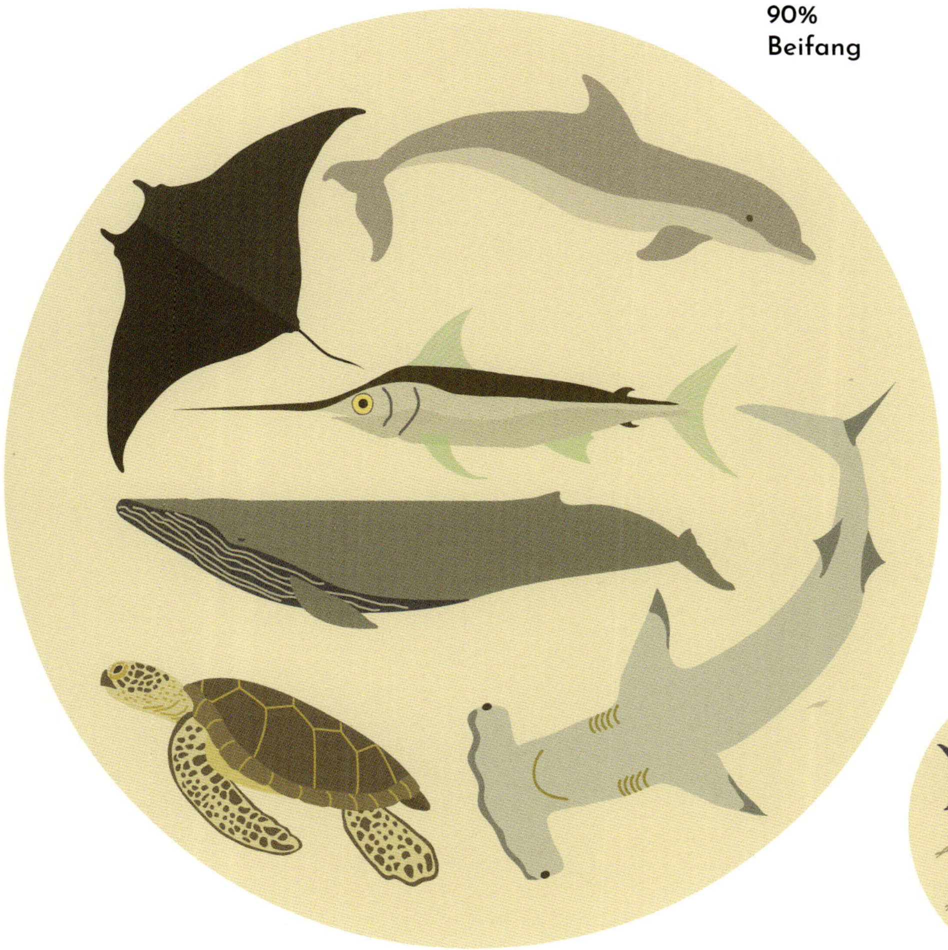

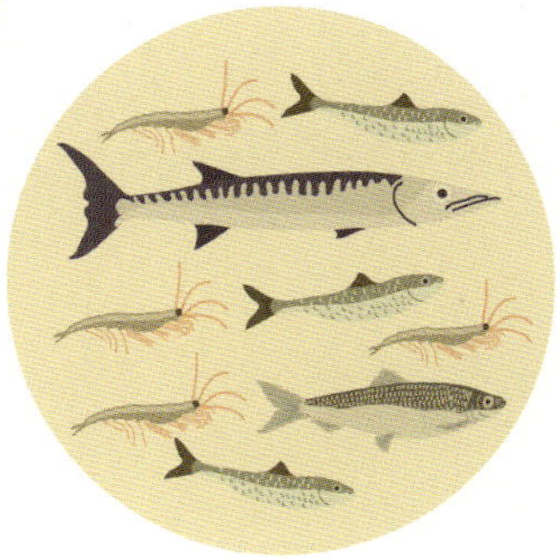

10%
verzehrte Fische

Außerdem sind die Fischfangmethoden meistens nicht nachhaltig, etwa die Schleppnetzfischerei: Ein großes, mit schweren Gewichten behängtes Netz wird am Meeresboden entlanggezogen, um Garnelen und Fische zu fangen. Auf diese Weise wird wahllos alles eingesammelt und den Korallenriffen und Wasserpflanzen großer Schaden zugefügt.

Auch junge Fische, Meeressäuger, Schildkröten und Haie geraten auf diese Weise in die Netze.
Die nicht nachhaltigen Fangmethoden stellen zusammen mit der Meeresverschmutzung und der globalen Klimaerwärmung eine der größten Bedrohungen der Biodiversität und der Ökosysteme des Ozeans dar.

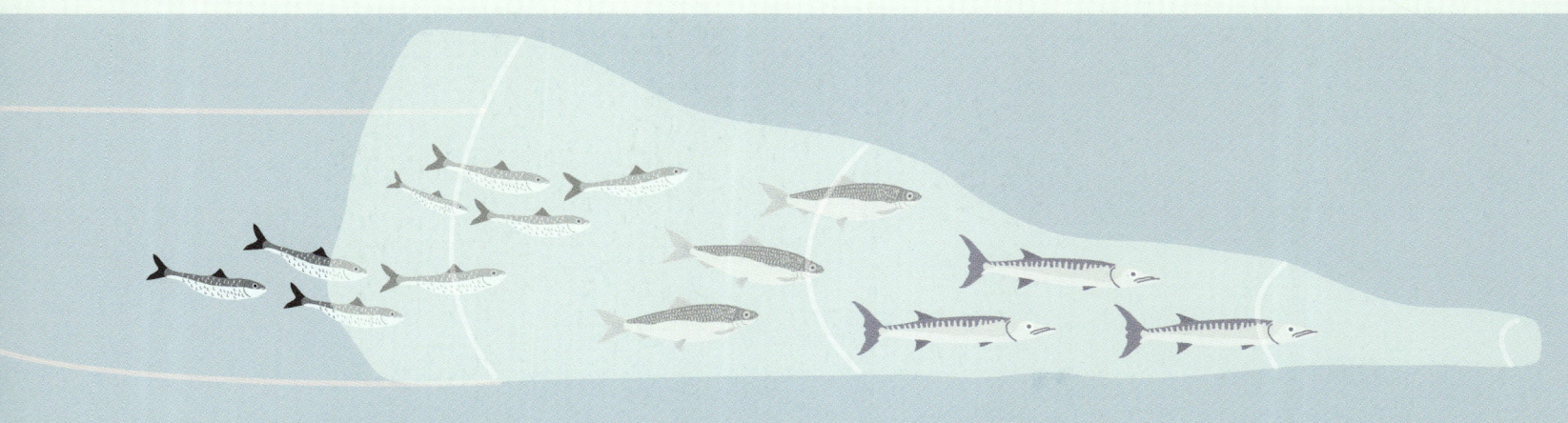

OZEANERWÄRMUNG

Globale Klimaerwärmung, das Schmelzen des Polareises, der Anstieg des Meeresspiegels … Die Auswirkungen des Klimawandels auf den Ozean sind vielfältig und dramatisch.

Der Einsatz fossiler Ernergieträger (wie Kohle und Erdöl), die intensive Tierhaltung, industrielle Produktion und Zerstörung der Wälder – all das trägt zur globalen Klimaerwärmung bei. Dabei kommt es zu einem Anstieg der Treibhausgase wie des Kohlenstoffdioxids (CO_2) und Methans (CH_4), die sich in der Atmosphäre konzentrieren und sie immer mehr erwärmen. Den größten Teil dieser zusätzlichen Wärme nimmt der Ozean auf. Die fortschreitende Erwärmung des Wassers bedroht die Meeresorganismen, nicht zuletzt weil zu hohe Temperaturen zur Abnahme des Sauerstoffs im Wasser führen.

KORALLENBLEICHE

Auch die Korallen sind in Not. Der durch den Temperaturanstieg des Wassers verursachte Stress und die Umweltschadstoffe, denen sie ausgesetzt sind, bringen die Korallen dazu, die Algen abzustoßen, die auf ihnen siedeln. Dadurch werden die Korallen ihrer Hauptnahrungsquelle beraubt und somit verletzlich. Als unmittelbare Folge bleichen sie aus. Dies kann katastrophale Auswirkungen auf das gesamte Ökosytem und alle Tiere haben, die in den Korallenriffen seit jeher Nahrung und Schutz finden.

Der Anstieg des CO_2 in der Atmosphäre verändert darüberhinaus die chemische Zusammensetzung der Meeresgewässer, die Kohlenstoffdioxid absorbieren und dadurch saurer werden. Die Versauerung des Ozeans schadet zahlreichen Lebewesen wie Korallen und Krustentieren, da sie die Kalkbildung und somit das Wachstum ihrer Panzer und Skelette beeinträchtigt.

Unter Stress stoßen die Korallenpolypen die Algen ab, die auf ihnen siedeln.

Der Algen beraubt, verlieren die Korallen ihre wichtigste Nahrungsquelle und bleichen aus. Dadurch sind sie anfälliger für Krankheiten und können verhungern.

★ Schon gewusst?

Zwischen 2014 und 2017 hat das Great Barrier Reef
in Australien aufgrund des Temperaturanstiegs
unter einer massiven Korallenbleiche gelitten.

PLASTIKSUPPE

Plastik ist ein Kunststoff, den wir täglich benutzen. Aus Plastik werden Flaschen, Behältnisse, Lebensmittelfolie und Schläuche hergestellt, aber auch Kleider, Telefone, Autos und Spielzeug!
Plastik ist überall.

Daher ist es für unseren Planeten zu einer wahren Plage geworden, insbesondere für den Ozean.

Plastik verschmutzt die Strände auf der ganzen Welt. Schätzungen zufolge landen jedes Jahr acht Millionen Tonnen Müll und Plastik im Meer: Das ist so, als würde jede Minute ein Müllwagen seinen Inhalt ins Meer kippen!

Wenn die Menschen so weitermachen, wird es 2050 mehr Plastik als Fische im Meer geben. Bereits jetzt hat sich der Ozean in eine Plastiksuppe verwandelt.

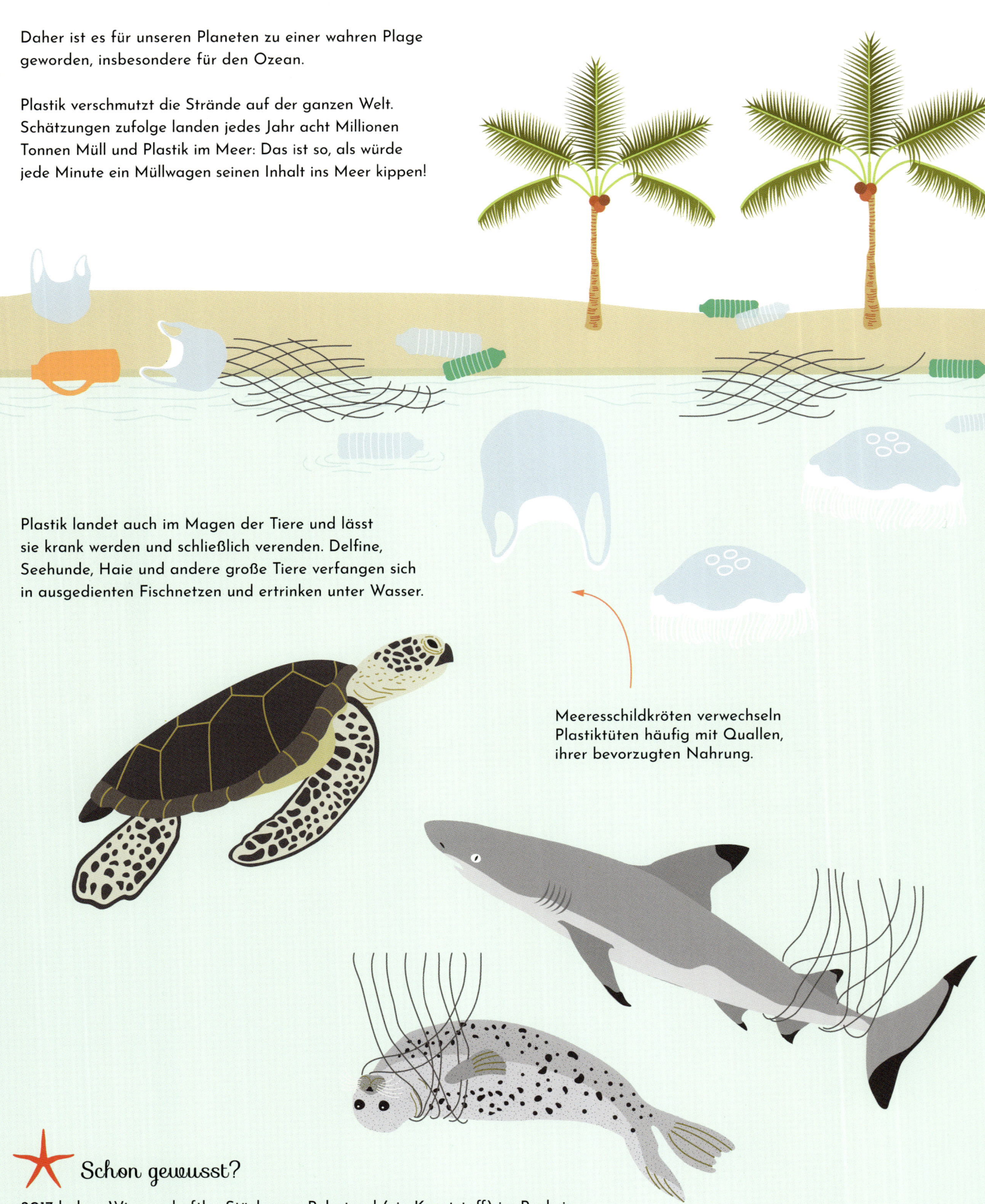

Plastik landet auch im Magen der Tiere und lässt sie krank werden und schließlich verenden. Delfine, Seehunde, Haie und andere große Tiere verfangen sich in ausgedienten Fischnetzen und ertrinken unter Wasser.

Meeresschildkröten verwechseln Plastiktüten häufig mit Quallen, ihrer bevorzugten Nahrung.

Schon gewusst?

2017 haben Wissenschaftler Stücke von Polystorol (ein Kunststoff) im Packeis gefunden, Hunderte Kilometer vom Nordpol entfernt, in einem Gebiet, das aufgrund des ewigen Eises lange unzugänglich war.

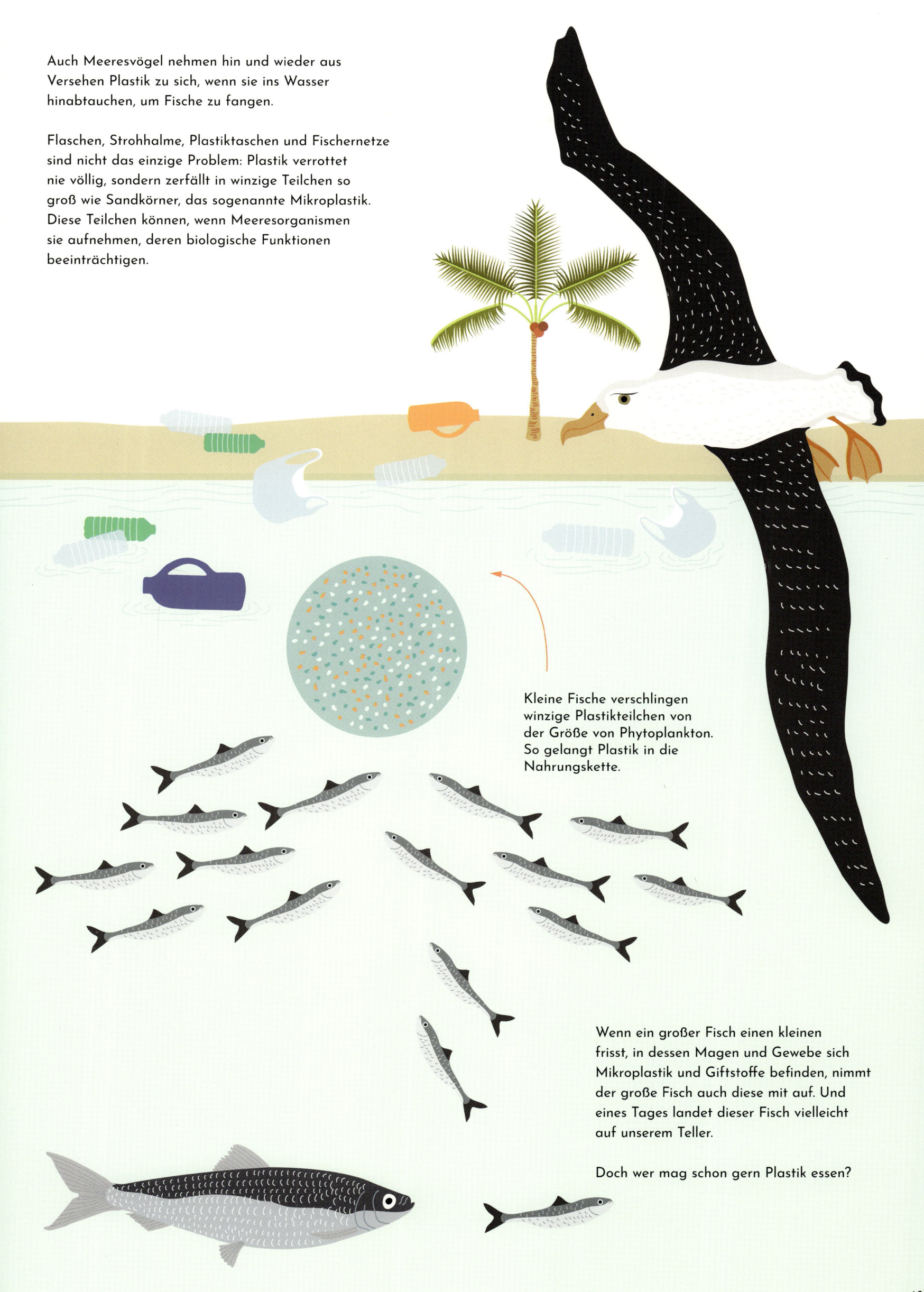

Auch Meeresvögel nehmen hin und wieder aus Versehen Plastik zu sich, wenn sie ins Wasser hinabtauchen, um Fische zu fangen.

Flaschen, Strohhalme, Plastiktaschen und Fischernetze sind nicht das einzige Problem: Plastik verrottet nie völlig, sondern zerfällt in winzige Teilchen so groß wie Sandkörner, das sogenannte Mikroplastik. Diese Teilchen können, wenn Meeresorganismen sie aufnehmen, deren biologische Funktionen beeinträchtigen.

Kleine Fische verschlingen winzige Plastikteilchen von der Größe von Phytoplankton. So gelangt Plastik in die Nahrungskette.

Wenn ein großer Fisch einen kleinen frisst, in dessen Magen und Gewebe sich Mikroplastik und Giftstoffe befinden, nimmt der große Fisch auch diese mit auf. Und eines Tages landet dieser Fisch vielleicht auf unserem Teller.

Doch wer mag schon gern Plastik essen?

Wie wir den Ozean schützen können

Der Ozean ist durch menschliches Handeln gefährdet, aber noch ist nicht alles verloren.
Wir alle können noch einiges tun, um ihn zu retten …

AUS NÄCHSTER NÄHE ERLEBEN

Wenn du eine Reise buchst, dann bei einem Veranstalter, der auf
Nachhaltigkeit setzt: Unter fachmännischer Anleitung kannst du
Wale beobachten oder beim Tauchen Korallenriffe erkunden und
dabei trotzdem die Umwelt schonen!

SCHAUEN, NICHT ANFASSEN

Beim Tauchen gib acht, dass du Korallen und andere
Tiere nicht berührst. Sie sind sehr empfindlich und
schon ein Schlag mit der Taucherflosse genügt, um
einen Fisch zu verletzen.

MUNDPROPAGANDA

Erzähl deiner Familie und Freunden über
das, was du in diesem Buch gelesen hast.
Vielleicht bekommen sie dann auch Lust,
mehr über den Ozean zu erfahren.

WERDE TIERPATE

Viele Umweltschutzorganisationen bieten die Möglichkeit, die Patenschaft für ein gefährdetes Meerestier zu übernehmen, etwa für einen Wahlhai, einen Eisbären oder eine Meeresschildkröte.

ACHTE AUF DAS, WAS DU ISST

Erkundige dich im Supermarkt und im Restaurant, ob sie Fische im Angebot haben, die mit nachhaltigen Methoden gefangen wurden.

KLEINER IST BESSER

Versuche, möglichst selten große Fische wie Thunfisch, Lachs oder Schwertfisch zu essen. Diese Fische leben lange, und werden sie überfischt, braucht es mehrere Jahrzehnte, um ihre Population wiederherzustellen. Iss lieber Sardinen, Sardellen und andere kleine Fische.

WIEDERVERWERTUNG

Benutze ausschließlich wiederverwertbare Flaschen und Taschen.

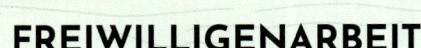

FREIWILLIGENARBEIT

Wenn du in Küstennähe oder am Meer wohnst, schließe dich einer Freiweilligengruppe an, die die Strände säubert.

SCHLUSS MIT EINMALPLASTIK

Wenn du in einem Lokal ein Erfrischungsgetränk oder einen Fruchtsaft bestellst, verzichte auf einen Strohhalm.

Kaufe möglichst keine Plastikflaschen. Im Restaurant bitte um Leitungswasser oder ein frisch gezapftes Getränk.

RECYLING

Wirf möglichst wenig
in die Restmülltonne:
Trenne den Abfall
nach Papier,
Kunststoff, Metall
und Glas.

PFLANZE EINEN BAUM

Damit trägst du dazu bei, die Luft sauber zu halten
und den Klimwandel zu stoppen.

SCHONE DIE UMWELT

Spüle keine chemischen Substanzen
den Abfluss hinunter, denn sie
könnten im Ozean landen.

Benutze
ökologische
Zahnpasta, Seifen
und Duschgels.

PAZIFISCHER OZEAN

ATLANTISCHER OZEAN

SÜDLICHER OZEAN

ARKTISCHER OZEAN

INDISCHER OZEAN

Glossar

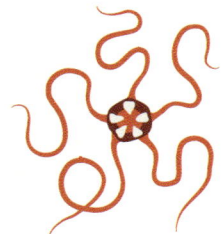   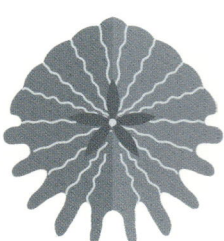

A

ALGEN: Wasserorganismen, die wie Pflanzen mittels Fotosynthese die eigenen Nährstoffe selbst herstellen können.

ALPHATIER: In einer Gruppe von Tieren dasjenige, das den höchsten sozialen Rang einnnimmt und daher die anderen Mitglieder der Gruppe dominiert.

ÄQUATOR: Die gedachte Linie, die einmal um die Erde herumreicht und sie in eine Nordhalbkugel und Südhalbkugel teilt.

ARCHÄOLOGE: Wissenschaftler, der Gegenstände oder Ruinen aus längst vergangenen Zeiten erforscht.

ARTEN: Grundeinheit der Einordnung von Lebewesen. Arten sind Gruppen von Organismen, die sich untereinander fortpflanzen und fruchtbaren Nachwuchs zeugen können.

AUFLÖSUNG: Die Auflösung eines Bildes oder einer Karte drückt aus, wie genau die Einzelheiten, aus denen es besteht, dargestellt werden; je höher die Auflösung, desto mehr Details sind zu sehen.

B

BATHYSCAPH: Tiefsee-U-Boot, das zur Erforschung extremer Meerestiefen entwickelt wurde. Es kann von einer Mannschaft oder per Fernbedienung gesteuert werden und wird normalerweise von einem Boot begleitet.

BAUCHTASCHE: Bei bestimmten Meeresarten ein am Bauch der Männchen befindlicher Beutel, in dem sie die von den Weibchen gepressten Eier befruchten und ausbrüten.

BEIFANG: Alle Fische und andere Tiere, die beim Fischen einer bestimmten Art in den Netzen mitgefangen werden.

BIOFLUORESZENZ: Fähigkeit einiger Meereswesen, von außen kommendes Licht aufzunehmen und in einer anderen Farbe zu reflektieren, in der Regel grün, rot oder orange.

BIOLUMINISZENZ: Im Unterschied zur Biofloreszenz ist die Bioluminszenz die Fähigkeit, eigenes Licht zu produzieren. Weit unten in der Tiefsee, wo kein Licht mehr ankommt, leben Organismen (wie Fische, Korallen, Plankton und Bakterien), die sie besitzen.

C

CO$_2$ (KOHLENSTOFFDIOXID): Ein Gas, das aus einem Kohlenstoffatom und zwei Sauerstoffatomen besteht. Es kommt mit einem Anteil von 0,04% natürlich in der Luft vor. Die CO$_2$-Konzentration in der Atmosphäre steigt seit dem Beginn der Industrialisierung an, als man anfing, große Mengen fossiler Brennstoffe (wie Kohle und Erdöl) zu verbrennen. Der CO$_2$-Anstieg gehört zu den Ursachen des Klimawandels.

E

ECHOORTUNG: Die Fähigkeit einiger Tiere wie der Delfine, Wale und Fledermäuse, sich mithilfe des Echos zu orientieren und Beute und Hindernisse auszumachen. Daran, wie lange es dauert, bis das Echo zurückkommt, können Tiere mit dieser Fähigkeit abschätzen, in welcher Entfernung sich eine Beute oder ein Hindernis befindet.

ENDEMISCHE ART: Eine Tier- oder Pflanzenart, die in einem bestimmten Gebiet heimisch ist.

ERDKRUSTE: Die äußerste Schale, die die Erde umgibt, bestehend aus der ozeanischen und kontinentalen Kruste. Die ozeanische Kruste setzt sich zusammen aus Meeresboden und Tiefseerinnen und hat eine durchschnittliche Dicke von 6 bis 7 Kilometern; die kontinentale Kruste wird hauptsächlich von den Landmassen der Kontinente gebildet; ihre Dicke beträgt zwischen 25 und 70 Kilometern.

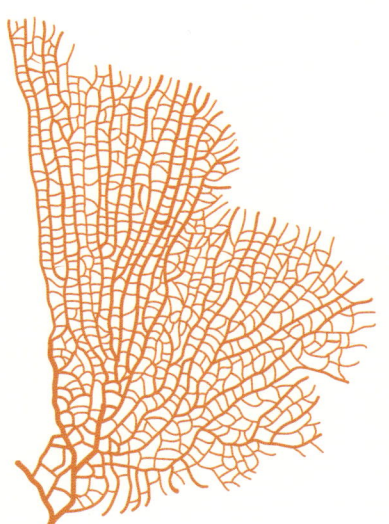  

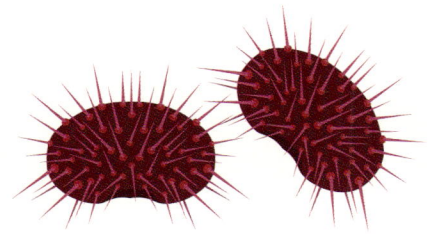
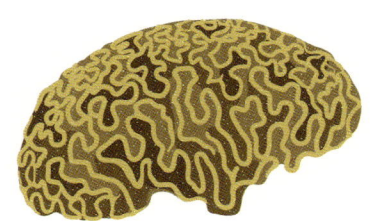

F

FISCHSCHWARM: Große Ansammlung von Fischen derselben Art, die in abgestimmter Weise in dieselbe Richtung schwimmen.

FOTOSYNTHESE: Ein Prozess, den grüne Pflanzen betreiben und bei dem sie Wasser und Kohlenstoffdioxid mithilfe von Sonnenlicht und Chlorophyll in Glukose und Sauerstoff umwandeln.

G

GENE: Die in der DNA von Lebewesen enthaltenen Grundinformationen; sie befinden sich in den Zellen und umfassen die Erbinformationen, die die wichtigsten Merkmale jedes Organismus bestimmen, unter anderem Größe, Form, Farbe und besondere Kennzeichen.

GEOLOGE: Wissenschaftler, der anhand von Felsen und Felsformation die Geschichte der Erde erforscht.

H

HABITAT: Gesamtheit der Umweltbedingungen, unter denen eine bestimmte Pflanzen- oder Tierart lebt.

HOHE SEE ODER HOCHSEE: Alle Gebiete des Ozeans, die keinem Staatsgebiet zugeordnet werden können.

HYDROSTATISCHER DRUCK: Der Druck, den das Wasser auf Objekte ausübt; er entspricht dem Gewicht der Wassersäule, die sich über dem Objekt befindet, und steigt daher mit zunehmender Tiefe.

K

KIEME: Atmungsorgan, mit dem ein Großteil der Wassertiere ausgestattet ist und mit dem sie den Sauerstoff aus dem Wasser aufnehmen können.

KLIMAWANDEL: Meteorologische Veränderungen über einen langen Zeitraum hinweg, die vor allem durch den Anstieg von Kohlenstoffdioxid (CO_2) und Methan (CH_4) verursacht werden. Der Klimawandel wirkt sich auf die Temperaturen an Land und in den Meeren sowie auf Niederschläge und Winde aus. Die Folgen sind das Schmelzen der Gletscher, der Anstieg des Meeresspiegels und Extremwetterphänomene.

KRUSTENTIERE: Gruppe von Tieren ohne Wirbelsäule (Wirbellose), wie Krebse, Hummer und Garnelen. Sie haben ausgeprägte Gliedmaßen und einen kräftigen Panzer, der das Skelett ersetzt.

L

LEUCHTORGAN: Das Organ von Tieren, die Licht erzeugen können und typischerweise in Zonen ewiger Dunkelheit leben.

M

MAGNETFELD (DER ERDE): Ein physikalisches Phänomen einiger Planeten, so auch der Erde. Unser Planet verhält sich wie ein großer Magnet mit zwei Polen, die unsichtbare Kraftlinien bilden. Das Magnetfeld schützt die Lebewesen vor den gefährlichsten Sonnenstrahlen; einige Tiere wie Lachse und Schildkröten spüren das Magnetfeld und orientieren sich während ihrer Wanderungen daran.

MIKROSKOP: Gerät, mit dem man mikroskopisch kleine Tiere und Objekte stark vergrößert betrachten kann.

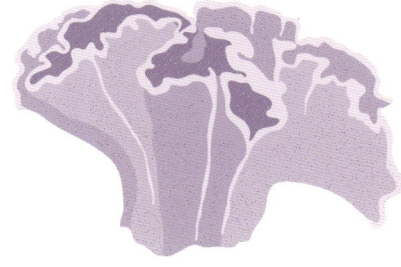

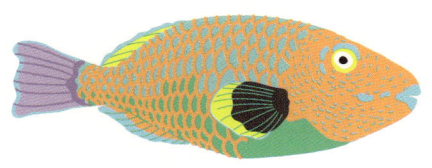
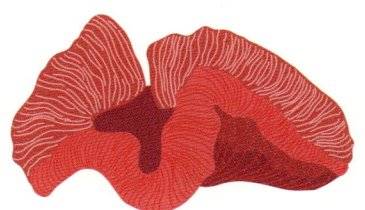

MIMESE: Form der Tarnung; die Fähigkeit eines Tiers, eine Farbe oder Form anzunehmen, die es ununterscheidbar von seiner Umgebung macht oder es einem anderen Tier ähneln lässt.

MITTELOZEANISCHER RÜCKEN: Ein hoher Gebirgszug in der Tiefsee, der sich bildet, wenn zwei tektonische Platten der ozeanischen Kruste auseinanderstreben; er kann circa 2-3000 Meter hoch werden.

MÜLLTRENNUNG : Das getrennte Sammeln unterschiedlicher Sorten von Abfall, um ihn wiederverwerten oder korrekt beseitigen zu können.

MÜNDUNG: Stelle, wo sich ein Wasserlauf ins Meer oder einen See ergießt.

N

NACHHALTIGER FISCHFANG: Eine Art des Fischfangs, bei dem umweltverträgliche Techniken zum Einsatz kommen, um die Meeresfauna und -flora zu schonen.

NAHRUNGSKETTE: Die Reihenfolge, in der sich Organismen gegenseitig fressen und bei der Nährstoffe und Energie von einem Lebewesen zum anderen übergehen.

O

ÖKOSYSTEM: Die Lebensgemeinschaft von Organismen und ihrer unbelebten Umwelt in einem bestimmten Gebiet.

ORGANISMUS: Lebewesen - Tier, Pflanze oder Einzeller -, das in der Lage ist zu wachsen und sich fortzupflanzen.

ORTSTREUE (ORCAS): Diese halten sich immer im selben Gebiet auf und bilden große Familien, angeführt von jeweils einem Weibchen. Sie ernähren sich vor allem von Fischen, im Gegensatz zu „nicht ansässigen" Orcas, die ausschließlich Meeressäuger fressen.

P

PACKEIS: Bewegliche Eisschollen, die sich vom Polareis gelöst haben.

PLANKTON: Alle kleinen Organismen, die von den Meeresströmungen mitgetragen werden. Es gibt Phytoplankton und Zooplankton. Phytoplankton besteht aus pflanzlichen und fotosynthetisch aktiven Organismen wie Mikroalgen und anderen Mikroorganismen und steht in den meisten Meeresökosystemen am Anfang der Nahrungskette. Zum Zooplankton zählen tierische Organismen, die sich von Phytoplankton ernähren: winzige Tiere, die sich nicht bewegen können, aber auch größere Tiere wie Quallen, die über eine gewisse Schwimmfähigkeit verfügen.

R

RÜCKENPANZER (SCHILDKRÖTE): Der obere schildförmige Teil des Panzers, der mit einer Schicht aus Hornschilden, der sogenannten Scuta, überzogen ist.

S

SAPROPHAGEN: Tiere, die sich von totem organischem (sowohl tierischem als auch pflanzlichem) Material ernähren.

SCHADSTOFFE: Vom Menschen in die Umwelt abgegebene Substanzen, die die Luft, das Wasser und den Boden verschmutzen. Dazu zählen giftige chemische Schadstoffe, Schwermetalle, Öle und Kunststoffe.

SCHULE: Gruppe von Meeressäugern; das, was bei Fischen Schwarm heißt.

SEDIMENT: Die Bewegung der Meere zerreibt im Lauf der Zeit die Felsen in kleinere Stücke, sogenannte Sedimente. In

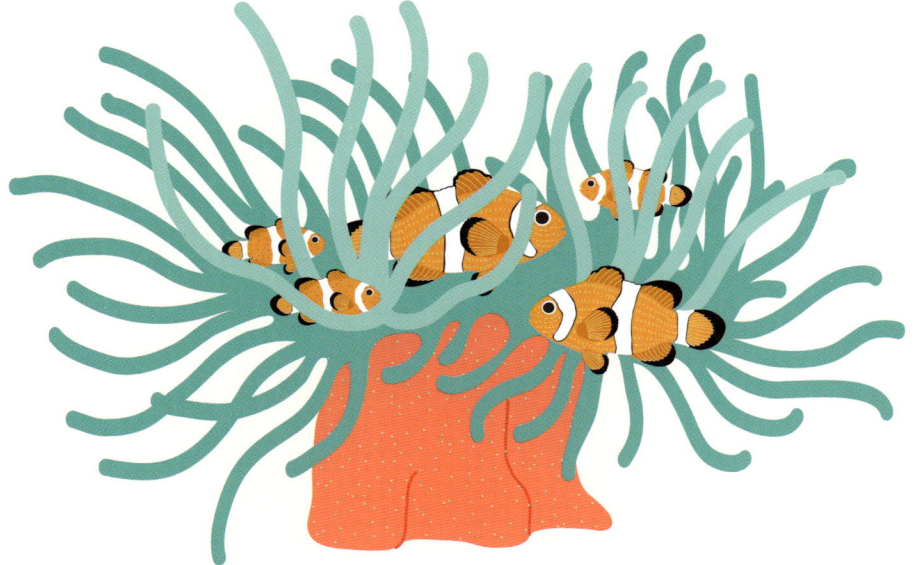

der Folge lagern diese sich ab und bilden auf dem Meeresboden, der über der ozeanischen Erdkruste liegt, eine Schicht.

SONAR: Ein Verfahren, bei dem Schallwellen ausgesendet werden, um sich unter Wasser zu orientieren, zu kommuzieren, Gegenstände zu orten (zum Beispiel Schiffswracks) und um den Meeresgrund zu kartieren.

SYMBIOSE: Zusammenleben zweier Individuen unterschiedlicher Arten zum gegenseitigen Nutzen. Eine mutualistische Symbiose bedeutet eine durch Geben und Nehmen gekennzeichnete Abhängigkeit, bei der die Individuen nicht zusammenleben müssen. Das Gegenteil einer Symbiose ist der Parasitismus, bei dem eine Art geschädigt wird.

T

TEKTONISCHE PLATTEN: Die Erdkruste besteht aus großen, sich bewegenden Blöcken, sogenannten Platten, die man sich wie Puzzleteile vorstellen kann. Die Verschiebung dieser Platten kann Erdbeben und Vulkanausbrüche auslösen; treffen zwei Platten aufeinander, können sich Gebirge bilden.

TIEFSEERINNEN: Vertiefungen im Meeresboden von mehr als 6000 Metern und somit die tiefsten Gebiete der Erde; sie bilden sich, wenn zwei Platten der ozeanischen Kruste zusammenstoßen und sich eine unter die andere schiebt.

TRACHT: Äußere Merkmale eines Tieres (Form, Färbung, Zeichnung). Durch Tarntrachten passen sich manche Tiere der Umgebung an, um sich vor Feinden zu schützen.

TREIBHAUSGASE: Natürlich in der Atmosphäre vorkommende Gase wie Kohlenstoffdioxid und Methan, die die Wärmestrahlung der Erde aufnehmen und wieder zurückstrahlen können. Die zunehmende Konzentration dieser Gase in der Atmosphäre führt zu einem Anstieg der Temperatur.

U

U-BOOT: Unterwasserboot – ein Fahrzeug, das für das Fahren unter Wasser gebaut wurde.

V

VERSAUERUNG (OZEAN): Anstieg des Wasser-Säurespiegels aufgrund der großen Menge an Kohlenstoffdioxid (CO_2), das der Ozean aus der Atmosphäre aufnimmt.

W

WEICHTIERE: Tiere mit einem weichen Körper, die weder Skelett noch Wirbelsäule haben (Wirbellose), häufig durch eine Muschelschale geschützt. Zu den Weichtieren zählen Muscheln, Kraken, Tintenfische und Nacktkiemer (Meeresschnecken) sowie Landschnecken.

WIRBELLOSE: Tiere ohne Skelett und Wirbelsäule; dazu zählen so unterschiedliche Arten wie Krebse, Schwämme, Seeigel, Schnecken, Muscheln und Tintenfische.

WIRBELTIERE: Tiere, die ein Skelett und eine Wirbelsäule haben; zu den Wirbeltieren zählen so unterschiedliche Tierarten wie Reptilien, Vögel und Säugetiere.

Sabrina Weiss

In der Schweiz geboren, lebt Sabrina
heute in London. Sie kümmert sich um
die Wissenschaftskommunikation einer
Umweltorganisation und arbeitet als
freiberufliche Autorin.
Davor war sie in verschiedenen Branchen
tätig –für Non-Profit-Organisationen,
in Luftfahrt und Industrie, immer mit
der Aufgabe, komplexe Zusammenhänge
interessant und zugänglich darzustellen.

Giulia De Amicis

Nachdem sie 2012 ihr Grafikdesign-Studium
abgeschlossen hatte, begann Giulia als
Visual Designer und Illustratorin zu arbeiten.
Ihre Tätigkeit besteht hauptsächlich
darin, Informationen für Tageszeitungen,
Zeitschriften und Umweltorganisationen
bildhaft darzustellen, wobei ihr Interesse vor
allem der Meeresökologie, Geografie und
den Menschenrechten gilt.
In den letzten Jahren hat sie verschiedene
Titel für White Star realisiert.

Grafische Gestaltung
Valentina Figus

WSkids
WHITE STAR KIDS

White Star Kids® ist eine eingetragene Marke von White Star s.r.l.

© 2018 White Star s.r.l.
Piazzale Luigi Cadorna, 6
20123 Mailand, Italien
www.whitestar.it

Übersetzung und Lektorat: Redaktionsbüro Monika Köpfer

ISBN 978-88-6312-361-6
1 2 3 4 5 6   22 21 20 19 18

Gedruckt in Italien von Rotolito S.p.A. - Seggiano di Pioltello (MI)

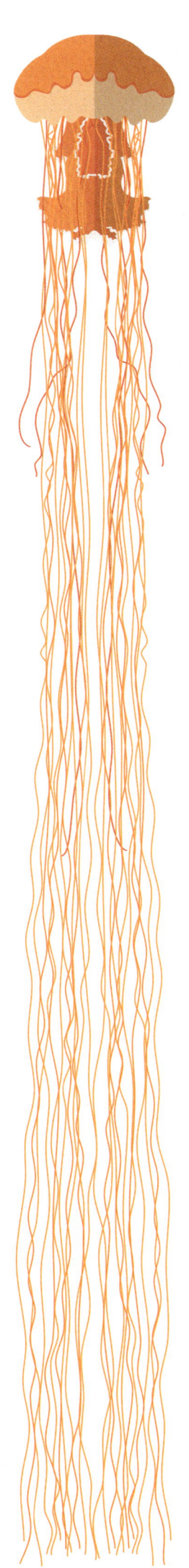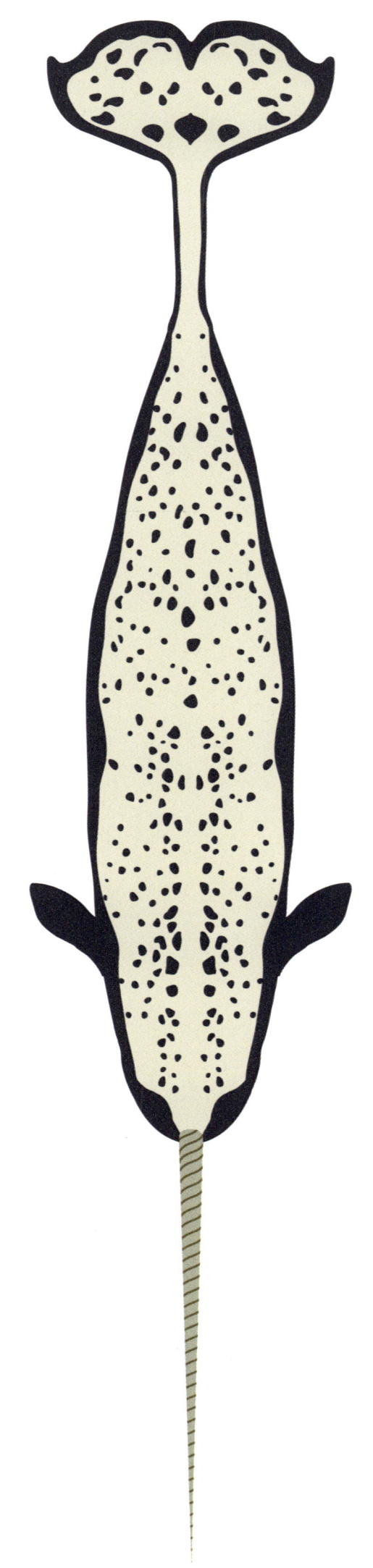